U0644941

企鹅人生

PENGUIN
LIVES

# 马丁·路德·金

〔美〕马歇尔·弗拉迪 著
李阳 译

*Martin Luther King, Jr.*

生活·讀書·新知 三联书店

# 目　录

# 序　言

20世纪五六十年代的美国民权运动，在南方陈腐的深渊中发生的那些关于信仰和暴力的伟大道德传奇，如今都已像是一个地质年代之前的事情。随着岁月的推移，人们已很难想象那时候的南方，有多么像美国国土中一个彻头彻尾的国中之国。严酷的种族隔离制，在社会生活的方方面面，由司法当局和行政当局顽固地执行着。深陷其中的南方，实在是更像当时的南非，而不像这个国家的其余部分。与此同时，在人的状况方面，南方似乎又是一个更为守旧、更为原始和更为粗犷的地区，种族观念极强，朴实而刻板，又时乖运蹇，与一般美国人理性而乐观的情感格格不入。虽然如此，由于奴隶制及其后续的隐性形式——种族隔离，南方注定要成为磨难之地，整个国家的良知与根深蒂固、无所不在的种族病在这里发生着周期性的斗争。早在杰斐逊的时代，人们就已经在形成共识，这个共和制国家最终面临的唯一难驯的根本危机是种族分裂——美国人的政治冒险孕育于如此勇敢的雄心和深邃的思想，然而也许从其发轫之初，从第一个披枷戴锁的黑人踏上这片大陆的海岸开始，就埋下了祸根。实际上，自那以后，这种原罪就以各种各样的形式，一直萦绕着我们。南方比其他任何地方都更直接更密切地生活在这种罪恶中，似乎注定要成为美国在清洗其原始的耻辱和罪恶时，举行间歇性阵痛的暴力仪式的地方。

民权运动成了这个国家在南方驱除其原罪的最后努力，并发展成为自内战以来最具史诗性的道德剧。在那些短暂而激情澎湃的岁月发生的事情，是人文精神的一种奔放的抒发，却倾泻在一种不大相宜的环境中——在南方阳光炽热的腹地中茕茕孑立的荒凉小城和破旧市镇。在民权运动持续期间，南方本身似乎就渐渐地变成了一个离奇的所在。遍及其乡村，都能看到一些奇异的来访者，一些来自冬季严寒的北方和温柔伊甸园般的加州的文质彬彬、真诚恳切的年轻传教士。他们浑身洋溢着来自哈佛大学的研讨会、来自伯克利书店的彻夜讨论的激进的人道主义热忱。他们冒着潮湿的水汽和油脂一般苍白的烈日，奔走在密西西比河畔和南佐治亚。他们戴着眼镜，只吃素食，有时会大失所望，有时也会情绪波动。和他们一起的，有眼神如同地狱之火的民权组织的青年黑人巡回牧师，他们俏皮地歪戴着的加勒比种植园帽，低低地遮住了他们的脸，红色的扎染印花大手帕则插在他们鹿皮靴的顶端。他们坐着摇摇晃晃的客货两用车和沾满污泥的马车，风尘仆仆地从一个城镇赶往另一个城镇，总是愤怒、急躁，不知疲倦地喋喋不休……那些因信仰而发狂的日子啊！

那是20世纪60年代中期的一个夏天，我被突然抛入那场声势浩大的民间道德剧的热浪和喧嚣中。当时我是《新闻周刊》（*Newsweek*）驻亚特兰大站的一名实习记者，而《新闻周刊》那时也还是个毛头小伙子——一份刚从南方小城镇中崭露头角的地方性刊物。一个闷热的夜晚，在亚拉巴马州的一个小镇上，我站在一座像鞋盒一样的教堂的后部，教堂里挤满了黑人女仆、看门人、美容师、中小学教师——所有的窗户都打开着，但窗外的夜空中也弥漫着热气，打着"人民殡葬协会"广告的硬纸板被当作扇子，在密麻麻的一排排汗津津的脸旁扇动着——一位当地卫理公会的传教士，一个身材笨重、汗流浃背的男人，那天下午刚刚获释出狱，正带领他们高唱那些音调铿锵的民权运动圣歌："噢，自由！噢，自由！噢，给我自由，给我……"我走到室外，在一棵楝树的黑影下站立了片刻，突然感到一阵眩晕。我用颤抖的手指点燃了一支香烟。教堂里传来的歌声在夜空中回荡着——"我宁愿埋进坟墓，自由地回家去见我主，也不愿再做奴隶！"——我仍然清楚地记得当时我的皮肤一阵阵发麻，我冲口而出："仁慈的上帝啊。"这样的时刻，是许多记者一生中都曾遇到过的大马色路上的经历①。

这样的活动最终都会汇成一幅同样的、近乎仪式的情景：示威者们涌出小镇的黑人聚居区，走上简陋而狭窄的主干道，队伍越来越壮大。他们一起拍着手，低沉地合唱着——"决不让任何人改变我，改变我"——走向了法院广场。广场上，白人治安官和州警察们架着机关枪，手持警棍，早已严阵以待。他们的脸像镍币一样，既无表情也无生气，只是下巴微微抖动着，咀嚼着小块的口香糖。当

① 据《新约圣经·使徒列传》载，扫罗本是基督徒的迫害者，但在前往大马色（即大马士革）抓捕耶稣门徒的路上，被天上的大光照耀，并听到上帝的声音。此后他改名保罗，皈依基督教并成为使徒。——译者注。书中页下脚注均为译者注。

两队人马相遇后，似乎是在一种深思熟虑的庄严梦想驱动下，笨拙的身体以一种奇怪的慢动作彼此相撞，咆哮和号叫，棍棒挥舞，一阵阵惨叫……

当然，发生于南方的这种受难剧，没有任何间歇和中断，最终还是被越南战争带来的更广泛更复杂的全国性痛苦吞没了——尽管南方的种族限制也向这个国家的其他地区扩张，并变得更分散更抽象，但随着南方本身也在越来越安静、越来越专注地变成某种当地版的圣费尔南多谷[①]，圣人和恶人全都丧失了他们昔日显而易见的单纯。现在，民权运动高潮时期所有的愤怒和所有的紧迫感，似乎都奇怪地变得遥远、微弱、古旧和离奇。但经历过那个远去时代的各派人士和新闻记者，却仍然对它魂牵梦萦，就像林肯旅[②]的老兵们依然怀恋1938年西班牙那美好时光一样。在那段短促的时光，善良和勇气、邪恶和悲剧，全都令人惊讶的简单和清晰。那时的空气似

① 这是美国加利福尼亚州南部的一个城市化的谷地，包括了洛杉矶市一半以上的土地，也有一些其他城市。大约有超过三百家色情影片制作公司坐落于此，被称为美国“色情业的好莱坞”，也称“色情谷”。

② 在1938年的西班牙内战中，约有两千八百名美国志愿者，作为士兵、技师和医务人员等，参加了共和国一方反对独裁者佛朗哥的战斗，他们被统称为“林肯旅”。

乎都鲜明地带着超现实的狂热，就算只呼吸一次都能真切地感觉到它触及肺腑。那个具有超凡活力的时代，今后的人恐怕很难再体会到了。

那场席卷南方的道德风暴，却是起于青萍之末，几乎是极其偶然地，缘自1955年亚拉巴马州蒙哥马利（Montgomery）市阴郁的严冬中一场对公共汽车上的种族隔离制的抗议。但是那位起初不肯担任运动领导，却在其蓬勃发展后始终居于其核心的严肃的年轻黑人牧师小马丁·路德·金，在我1964年于圣奥古斯丁（St. Augustine）首次邂逅他时，令人惊讶地却是个很不起眼的人——一个矮矮胖胖的男人，穿着深色的执事西装，神情严肃，呆板沉闷。他那圆圆的脸，黑得像沥青，目光柔和，像东方人一样没有表情，一副奇特的小资情调的宁静——然而，我至今仍然记得，他那双简直能融化人的亲切的眼睛。不过总体而言，你会想象他是一个会安慰人的得力的殡仪馆经理，或者就是他的真实身份——一个大城市教堂的浸信会牧师。然而，无论他的外貌多么令人诧异地没有英雄气质，他像使徒一般促成的南方的巨变——黑人作为一个长期屈从和素质低下的族群的彻底觉醒，他们政治地位的最终提高，目前已普遍存在的既包括白人也包括黑人的公共文化——无论以哪种标准来衡量，都是划时代的。而且随巨变而来的，也许更惊人的种族亲善的遗产，如果没有金坚定地推行救赎、理解、宽恕甚至怜悯施暴者的非暴力福音思想，恐怕也是根本不可能有的。正如有一次在伯明翰（Birmingham），当游行者面对警犬、棍棒和高压水管时，金梗着他那肥厚的脖子，张大嘴巴，张开四肢，用尽浑身气力咆哮道："我们要用爱的力量来迎击恨的力量……我们必须对南方各地我们的白人兄弟说，我们忍受痛苦的能力绝不亚于你们向我们施加痛苦的能力……即使你们炸毁我们的房子，我们仍然会爱你们……我们呼唤你们的良知和勇气，在这一过程中，我们终将赢得你们的心。"

然而不久，金的道德观便迫使他担负起超越南方的更加宏大并最终化为悲剧的使命，在美国的骄傲和实力如日中天时，成为整个民族共同体的先知。他的福音主义从反对最初的该隐式的种族主义行为——即否认白人与其他人类的自然联系，将其他种族蔑视为物，容许对他们施用任何形式的暴力，不可遏抑地会演变成一种反对他认为整个国家因科技进步而形成的道德麻木。这种道德麻木包括：

巨大而堕落的物质主义空虚感、人与人相互之间的疏离、技术人员将人文影响从利益和政策中剥离，以及新型的高科技野蛮主义对美国人生活乃至对世界各地造成的无法估量的破坏（当时最骇人听闻的表现就发生在越南）。实际上，金是奋不顾身地与他所处的整个时代开了战。到最后，他承担了巨大的社会进击任务，不仅要为黑人张目，还要为西班牙裔、美洲原住民、白人中的穷人，以及美国社会所有被剥夺、被抛弃和被忘却的人发声，以彻底重整整个国家的价值体系和权力体系。时任联邦调查局局长的埃德加·胡佛（J. Edgar Hoover）对他的咒骂也许有一定道理：他上足了发条，是美国最危险的颠覆分子。不过最终令他鞠躬尽瘁的是一种宏伟的甘地式的雄心：通过改变南方的那种非暴力群众性对抗运动，重塑和救赎美国本身。从这个意义上讲，在蒙哥马利事件仅仅十二年后，1968 年 4 月那个柔和的黄昏，当他信步走上孟菲斯（Memphis）他下榻的汽车旅馆房间的阳台时，他的事业的确才刚刚开始。

具有讽刺意味的是，金在遇难多年之后，头上竟罩上了一圈圈光环，成了广受尊崇的圣人，享受到游行集会、追思音乐会等纪念，学校、街道和公园也纷纷以他命名，他的生日成了全国性假日，他的形象上了邮票。然而在这一过程中，人们渐渐得了一种发自善意的健忘症，忘却了从蒙哥马利到孟菲斯的那些年，他所取得的进展，和他所发出的具有终极性和真正革命性影响的启示，实际上是多么不充分、不连贯和不稳定。而且，金本人也被从他那丰富而复杂的实际状态中抽象出来，被虔诚地锤打成一种轻飘飘的薄片似的偶像。将一个人神圣化，几乎总是要首先将其掏空。真实的情况是，金的灵魂一向比后来人们将他大规模神化时所打造的扁平形象复杂得多、痛苦得多。正如他的传记作家之一戴维·刘易斯（David L. Lewis）所说的："在整个国家将马丁·路德·金追封为圣人的风潮中……我们试图通过忘记他来记住他。"

在金于孟菲斯遇刺四年前，在佛罗里达州一个布满苔藓的古老小城圣奥古斯丁，曾出现过一个愤怒的夏夜。此前金已经在那里发动过一系列示威活动，而我被《新闻周刊》派去报道——夜晚，人们唱着歌颂自由的圣歌，从小城的黑人聚居区游行到曾是奴隶市场的小城广场，他们将在那里迎击从周围长满蒲葵的平原不断涌来的白人占压倒优势的暴力。在见识过几次广场上的夜间混战之后，还留在该城的记者们——其中许多自1956年亚拉巴马大学奥瑟琳·露西(Autherine Lucy)事件[①]引发骚乱后，已经对种族冲突司空见惯——会迅速躲回他们住宿的汽车旅馆，喝个酩酊大醉。然而就在五朔节前夜[②]，广场上爆发了严重伤害事件——成群的白人挥舞着棒球棒和铁链，尖声吼叫着冲了过来，黑人游行者仍然沉默着、踉踉跄跄地前进，但他们的内心怀着难以置信的恐惧和极度的惊慌。在白人们的反复冲击下，漫长的游行队伍就像狂风中的藤丛一样东倒西歪。最终，队伍被彻底冲垮了，游行者们四散而逃，跑向黑人区躲避。我跟随着他们，穿过了好几处混战区域，无意中一眼瞥见，在一个门廊的阴影下，金独自一人呆立着，显然没有任何人注意到他。他穿着衬衫，两手按在屁股上，纹丝不动地看

---

① 1954年，美国最高法院判定，执行黑白分离制度的公立学校违反宪法，应予改正。1956年，黑人女学生奥瑟琳·露西率先获得了进入亚拉巴马州立大学攻读的机会。她不顾种族主义者的恫吓，毅然到校。但她只上了一天课，种族主义者即引发了骚乱。第三天，校方宣布为她安全考虑，劝她不必到校。露西向法院提起诉讼，但失败，反被校方开除。直到1980年，该校才推翻了开除她的决定。

② 根据德国神话，4月30日夜晚魔女们和恶魔在一起欢笑。

着示威者们像没头苍蝇一样从他面前的黑暗中跑过，他们的衣服都撕碎了，身上淌着血，四周到处是哭泣声和哀号声——金的脸上满是悲伤和震惊。

当晚晚些时候，我看到他在另一座房子灯光昏暗的前厅里，坐在拉下的百叶窗后面，端着一杯冰水，杯底裹着纸巾。他语音含糊地咕哝着，“你的问题——是的，当像今天晚上这样的事情发生后，你的问题有时候——我们在对这些人做着什么样的事情啊？……”即便如此，在当晚早些时候，当他目睹着广场上的逃亡者踉踉跄跄地从他面前跑过时，我看到他脸上不仅有对受他劝勉的这些人的遭遇的震惊，似乎对他的道德视野中善和恶的表演所造成的这场冲突也有一种惊奇和迷恋——与此同时，也有对他自己个人魅力的某种深深的惊骇。

“我的灵魂在苦恼中，”金曾不止一次承认。的确，在孟菲斯遇刺之前很久，他就陷入了自己心灵的客西马尼（Gethsemane）[①]之地，不仅为自己的使命让民众付出了代价而负疚，也因自认为背叛了自己崇高的公共意义而内心饱受折磨。他总是因尊崇苦行和禁欲的生活而备

① 耶路撒冷附近橄榄山下的一个花园，耶稣被捕遇难处，见《圣经·马太福音》。

感困扰，他努力使自己周围的环境保持简朴，强迫自己领微薄的薪水，在贫民区租住简易的小木屋，开破旧的小汽车，穿朴素的黑西装。然而他的西装经常是丝绸质地的，像他的睡衣一样。他总是尽可能地随身带着丝绸睡衣，以应对随时被捕入狱。他始终小心谨慎，但也无法抗拒地为出人头地的荣耀而陶醉：在富人和名人陪同下，乘坐豪华轿车辗转于帝国酒店的套房。他对自己的仪表、自己的高智商和自己的历史重要性，也时时有一点骄傲，以致记者戴维·哈伯斯塔姆（David Halberstam）曾有一次评论说“记者一般……都怀疑金虚荣心重”。实际上，金生前曾饱受各方面指责，不仅来自他的敌人，也来自许多记者，偶尔也来自他亲密的盟友。他们指责他傲慢自负、奢侈铺张，指责他有时厚颜无耻，有时又畏缩怯懦地投机取巧，指责他对他的组织南方基督教领袖联合会的管理既懈怠又拙劣，甚至其财会制度都执行得漫不经心、一塌糊涂。

金也会频繁谴责“肉欲的罪恶”。他在一次布道时说：“我们每个人都有两个自我。生活的重大责任就是永远让较高的自我起主宰作用，而不要让较低的自我占据上风。”但在他死后没过多久，关于他婚外情的报道就开始出现，激起阵阵涟漪。这些传言起初几乎令人无法相信，因为实在太荒唐，根本不符合他那铁面无私、庄重威严的公共形象。然而，随着他在旅馆房间里淫荡嬉戏、与多人发生私情的报道不断增多，并且来自可靠消息来源的报道也足够充分，人们再也无法对传言提出合理的怀疑了。一些起初为他辩护的人认为这只是一个热情似火的男人没能约束住自己的激情。但事实绝不止于此，从金跌入了他本人时常谴责的“低我”这件事，你可以感觉到一个男人异乎寻常的痛苦——既要维持他所领导的群众性道德斗争的崇高精神，又要面对日益增长的死亡威胁，使他终日困于几乎无法承受的压力之下——于是他不时地通过肉体上的放纵来寻求释放。他就这样经历着精神的超越与肉体的痉挛之间无穷无尽的循环交替。由于金过度的负疚倾向，他觉得像这样堕入较低的自我，亵渎了自己公众使命的高尚性，似乎只能通过时刻准备着一死来得到救赎——实际上，这种对死的预期，从他最初投入蒙哥马利事件时，就开始存在了。在某种意义上，金投身的运动所激起的外部扰动，一直伴随着一种虽然无形却同样狂暴的金的内心斗争。

历史上很多普罗米修斯式的道德楷模都有像这样的

阴暗面——据甘地的亲友们后来所述，甘地本人报复心极强，对家人和其他与他关系密切的人相当傲慢和冷淡，他“贪得无厌地迷恋权力，不屈不挠地追逐权力”——但阴暗面却都无损于他们的荣耀。更确切地说，反倒给他们后来风靡一时的肤浅形象增添了极大的人性意味。但是我们还没有学会调整我们对这类人物的理解，以领会索福克勒斯、大卫王的历史记录者、莎士比亚和塞万提斯等古代预言家早就明白的道理——恶可以披上最文明、最明智、最可敬、最正直的外衣，善也可能看上去荒谬可疑、刚愎任性、不幸而有缺陷，就像格雷厄姆·格林（Grahm Greene）笔下那些放荡、卑劣，既像神又像鬼的圣人们一样。抛开人们对金的所有敬畏和称颂，真实全面的金最终给我们的启示应当是，实际展现在我们面前的这位道德英雄——我们的先知——是以怎样令人痛苦的复杂形式，多么神秘地将善恶混杂为一体的。

# 出埃及

# 一

金的父亲总是呈现出一副比他的长子要威严几许的形象。后来被称为“金爸爸”的老马丁·路德·金，身材魁梧、威风凛凛、骄傲自负、粗爽直率、刚愎自用、独断专行，是亚特兰大的埃比尼泽浸信会教堂（Ebenezer Baptist Church）的牧师，喜欢吹嘘曾在一次会众大会上，威胁一名不断喧哗且不听劝阻的会员说要用椅子砸烂那家伙的脑袋，最终镇住了他。老金出生于佐治亚州南部一个佃农家庭，小时候名叫迈克，十四岁时就已经非常强壮，能把酒后殴打母亲的父亲掀翻。那次凶猛的搏斗后，他母亲担心父子俩迟早会闹出人命来，便帮助儿子逃往了亚特兰大。迈克·金来到这座充满新鲜感的喧嚣的大城市后，正像他后来所承认的，“像头骡子一样到处嗅着”，但他异常刻苦，像老牛拉车一样顽强地完成了高中学业，到二十岁时，已经在两座国家级的教堂里布道了。

他开始追求当时埃比尼泽牧师亚当·丹尼尔·威廉姆斯

（A.D.Williams）的女儿。威廉姆斯先生本人是个奴隶传教士的儿子，通过一路勤奋进取，成了亚特兰大黑人社会的头面人物之一。艾伯塔是威廉姆斯夫妇的独生女，是个朴素、健壮、羞涩的女孩，当时二十岁左右，在父亲布道时用风琴为他配乐。迈克·金是第一个郑重其事地追求她的人。在经过了六年礼仪极其周全的求婚后，他们最终于 1926 年的感恩节结婚了。婚后住在威廉姆斯家宽敞的维多利亚式大宅子里。在适当的时候，迈克·金也承袭了威廉姆斯先生在埃比尼泽的教职。

在他们的长女出生十六个月后，他们的长子于 1929 年 1 月 15 日诞生于他们的卧室，并以父亲的名字命名为迈克尔。到“小迈克”五岁时，老金把他们俩的名字都改成了马丁·路德，由此将他本人和历史的最沉重的期望之一，寄托在了他的长子那纤弱的肩膀上。小迈克出生十六个月后，又一个男孩诞生了，这回以艾伯塔父亲的名字被命名为亚当·丹尼尔。他后来也做了传教士，但他可不是盏省油的灯，一生大部分时间都在犯错误惹麻烦。

据一份描述，马丁是个身材矮小、有些胖乎乎的孩子，长着一张圆鼓鼓的脸，和一双警觉、闪亮的深色“杏仁眼”。出身舒适的中产阶级家庭，在他父亲热切的呵护中，在父亲主持的圣会上无数目光的关注下长大，他很早就有了一种得天独厚、众星捧月的感觉。亚特兰大城里总有种族冲突的火药味儿，当时的南方暴力也很盛行，然而亚特兰大的黑人社区因为有众多的大学和繁荣兴旺的黑人企业，仍然维持着其小资产阶级的文雅风气。该城的主干道之一奥本大街（Auburn Avenue），就起始于埃比尼泽和金家所在地。这条街上布满了咖啡馆、律师事务所、小店铺和夜总会，生气勃勃，被人们称为“甜蜜的奥本”。在这样与世隔绝的温馨环境里，马丁像受宠的孩子一样成长，很早就对黑人传统食物和戏剧，以及艰苦的摔跤比赛和在钢琴上弹奏《月光奏鸣曲》，显示出异乎寻常的爱好。不过他对于学校的功课却多少有些无所谓，对于日后将支撑他余生的拼读和文法漫不经心，他有着早熟且无法满足的心智——对此他并非毫无知觉。有一个星期天，他在听了一位来访的牧师文辞华丽的布道后，郑重地对他母亲说：“有朝一日，我也要说出那么漂亮的话来。”没过多久，他就因为造出了下面这样的句子，让他的老师们大吃一惊。在老师随意地问他在做什么时，他回答道：“经过对宇宙的深思熟虑，我推测我身体的平衡就是有机地静止不动。”他也把这种口才运用到避免和别人打架方面。总而言之，他似乎很热衷于开发自己的才华，拓展自己的发展潜力。

然而，并不经常管教的儿子聪明伶俐，父亲却对此不以为然，还不时大发雷霆，粗暴地鞭打他。一位邻居后来回忆说，听到老金在一次这样的鞭打中，向马丁咆哮道：“一定要让他有点出息，哪怕打死他。”可以肯定的是，老金的暴躁脾气对两个儿子是不偏不倚的，马丁的弟弟亚当始终没有从父亲可怕的威慑力中解脱出来，即使是在成年后。马丁本人日后曾勇敢地承认：“鞭打并不见得是坏事，我直到十五岁还在挨鞭子。”他父亲即使不动手或动鞭子，规矩也很恐怖。马丁十来岁时，有一次在基督教青年会的舞会上和一群女孩子嬉闹，被他父亲抓住了。老金逼迫他在埃比尼泽的圣会上公开忏悔，以示惩罚。甚至还是个小孩子时，马丁就会以很奇特的坚强和顺从来对待毒打。“无论什么时候用鞭子抽他，他都算是最特殊的孩子，”金爸爸后来都表现出惊奇，“他就站在那儿，眼泪直往下流，却从来不哭出声。”

实际上，他的老师们和其他一些人很早就注意到，他经常显得沉默寡言、闷闷不乐。毫无疑问，部分原因在于，从他刚有记忆时起，他就意识到自己将承担一副难以承受的重担，按照他父亲无可更改的意志，最终和父亲一起担负起埃比尼泽教区的教职。但是除此之外，如果马丁在成长过程中感到自己处于周围世界祝福的中心，那么他似乎同时也感到自己同样处于责任的中心。他很早就显示出一种过度的强迫性冲动，使自己承担起巨大的负罪感——这迫使他在十三岁之前，曾有两次奇怪的自杀举动。两次都是因他祖母而产生了难以忍受的巨大悲痛，从窗户跳了出去。他知道自己一直是祖母最疼爱的孙子。其中的第二次，是在一个星期天，他偷偷地溜出家门，去闹市看了一场彩妆游行。他立刻就猜出，这个小小的过失就是祖母那天下午因心脏病发作而去世的原因，他啜泣着从家里二楼的窗户跳了出去。

对于一个如此庄重严肃、天资聪颖，又对生活满怀雄心和热情的孩子来说，当他发现尽管他在黑人社会中像个幸运的小王子一样成长，但在四周更广大的白人等级秩序中，他却实际上属于次等阶层之时——这是当时南方的非裔美国人亘古的创伤——他感受到的心寒尤其刻骨铭心。当马丁六岁时，一个儿时的白人小玩伴突然消失了，他上了白人学校，并被禁止同马丁玩耍。有一次在闹市的一家百货商店，一个白人主妇扇了他一耳光，尖声叫道："小黑鬼，你踩到我的脚了。"他碰巧看到的他父亲在面对这样的种族侮辱时所做出的骄傲而无畏的抗议，令他始终难忘。有一次，当一名交通警察拦住老金的车并叫他"小子"时，老金指了指坐在他身旁的马丁，厉声说道："这才是个小子。我是个成人。"还有一次，在一家鞋店里，店员坚持要他们到里间去才肯为他们服务，老金带着马丁高视阔步地走出鞋店，并用低沉的声音说道："我们要么就坐在这里买鞋，要么什么也不买。"马丁在暑假时，曾到一家床垫公司和铁路快运公司打工，他深深地为黑人雇员的低下地位而痛苦。在铁路快运公司，因为白人监工不停地叫他"小黑鬼"，他愤然辞了职。后来，他又和其他几名学生到亚特兰大之外去探险，曾在康涅狄格州一个烟草农场里黑白人种混合的公司打了一夏天工。但这种令人鼓舞的经历通常最终都只会给他带来更多的难以忍受的体验。有一次他和老师一起到佐治亚州南方的一个小城参加高中演讲比赛。马丁的演讲《黑人和宪法》得到了很多喝彩，但在乘公共汽车回家时，当更多的白人乘客上车后，司机命令他们把座位让给白人，师生两人不得不站了九十英里，才回到亚特兰大——十四年后当蒙哥马利事件发生时，这个记忆一定萦回在金的脑海中。

金后来回忆说，因为这些最初的侮辱，“我决心憎恨所有白人”。这是一种十足的仇恨，直到他大学时期加入几个正直的校园团体后，才真正消除。但正是这种仇恨的残余，造成了他日后呆板僵硬的形象。他在公众面前始终保持着这副形象，尤其是在白人面前——好像是要认真仔细地表现出，南方白人对黑人的粗俗印象是错误的，当年因此加诸他的侮辱也是错误的，他坚定地维持着一种马修·阿诺德（Matthew Arnold）称之为“庄严”的风度。

部分出于同样的原因，他在十几岁时，就对父亲教堂里那种情绪强烈的宗教风格——那些惊叹、鼓掌、恼火、发狂——感到轻蔑和厌恶。不久，尽管仍然无可逃避地肩负着父亲期望他承袭教职的沉重压力——或者恰恰是由于这个原因——他对父亲的基督教基要主义的理性声誉，产生了骄傲少年的逆反心理。有一次，他在主日学校课堂上否认教义所载的耶稣肉体的复活，引发了众怒。当然，最终他那感动公众的魔力，很大程度上还是得益于生长环境，也就是埃比尼泽教堂宗教仪式上对

《圣经》绘声绘色的诵读和信徒们听演讲时的狂热反应。但在当时，“这让我感到尴尬”，金后来承认道。那种厌恶中也许潜藏着某种正在形成的可贵的自尊。但更多地意味着一种极度的反感和担心，生怕有一丝一毫表现得像南方白人的滑稽说唱剧中嘲讽的黑人形象：喧闹吵嚷、懒散邋遢、天真幼稚、喜怒无常、愚昧无知、不守纪律、没有尊严。正是因为害怕被别人捕捉到这种毁灭性的形象，他抹杀了自己的一切本真，在余生中坚持穿着黑色西装，近乎可怜地保持着端庄稳重的举止，和一副冷漠呆板的形象。

然而，根据他幼时的一个伙伴的回忆，他仍然“喜欢聚会，喜欢享受生活”。当他进入亚特兰大的莫尔豪斯学院（Morehouse College）时——他跳了几级，十五岁就从高中毕业了——他变成了一个花花公子式的人物，身穿华丽的运动夹克，头戴花哨的宽边帽，脚蹬时髦的双色鞋，因为尤其钟爱学究气的花呢套装而得了个“花呢”的绰号。尽管他个子矮小，相貌也相对平平，但已开始展现天赋的想象力，他像浪漫的骑士一样，滔滔不绝、绘声绘色地讲述着特洛伊人的恋爱和恺撒跨过卢比孔河等故事，令少女们为之倾倒。他和几个朋友一起，开心地自称是“摧花者”，金有一次微笑着解释道:“我们摧残姑娘。”金通常负责去搜索漂亮姑娘，总是把最漂亮的留给自己。

当时的莫尔豪斯学院就像是为亚特兰大黑人名流的儿子们办的绅士精修学校，金在校的那些年也没有表现得特别出众。他只是个成绩中等的学生，安静、自闭，通常都坐在教室的最后几排。他抱着一些模糊的念头，也许学医能够逃避继承父亲教职的命运，但自然科学对精确性要求很高，令他感到吃力，他决定主修社会学，准备将来从事法律工作。除此之外，他表现出的唯一的学习热情是如痴如醉地倾听莫尔豪斯学院院长、全国知名的神学家本杰明·梅斯（Benjamin Mays）博士每周一次的讲座。然而与此同时，马丁在莫尔豪斯校园里经历了摆脱父亲繁文缛节约束的思想大解放。这里对各种各样的问题都进行着热烈的讨论，尤其是关于南方的种族主义制度对黑人的心理伤害的问题。也是在就读莫尔豪斯学院期间，他首次读到了梭罗的《论公民的不服从》（*On Civil Disobedience*）。

继而，1947年的夏天，离他从莫尔豪斯学院毕业还有一年时，尽管他才十八岁，他终于还是意外地经选举当上了牧师。这是一个奇怪却并不令人激动的决定，正如他后来所说的，“不是什么不可思议的神奇之事”，只不过让他得出了一个结论，教会仍然能提供最有希望的方式来满足当时已开始在他心中积聚的“服务人类的内在冲动”。他已经感受到了这种神秘的原动力最初的朦胧躁动。所有最终成为道德英雄的人物，身上都能发现这种原动力，要献身于某种“能超越我们的现世人生的”更伟大的真理、更崇高的目标和更深远的意义，从而将自己的生命扩大到高于现实的历史维度。教会在黑人社会中的核心价值，以及因此而造成的牧师的出众地位，迟早会激起他桀骜不驯的雄心，这也许是不可避免的。他经过思索，认为自己可以做一名“理性的”牧师，他的布道可以成为“一种服务于理想，甚至是社会抗议的可敬的力量”，从而使自己和浸信会达成一种合乎理智的和谐。

不过，不管是多么处心积虑才使儿子获得了当牧师的资格，老金仍然兴高采烈，并立刻着手安排马丁做了埃比尼泽教区的助理牧师，让他在星期天的圣会上做必需的“见习布道”。矮矮胖胖的小金登上了父亲那熟悉的身影盘踞多年的讲道坛，看上去就像他父亲那令人生畏的高大形象的缩小版。但是一旦开口向公众念出布道词，那个在他们当中长大的毛毛糙糙的小男孩就好像突然神奇地变了个人，凭借抑扬顿挫的声调和激情洋溢的话语，他仿佛罩上了一层简直是超自然的、引发共鸣又确定无疑的威严……其实，布道词是根据纽约著名的自由派教士哈利·爱默生·福斯迪克（Harry Emerson Fosdick）一篇已发表的讲演改写的——这种随意挪用别人文字的倾向后来变成了金一个令人不快的习惯——但是当时的公众还不得而知，当年轻的金讲完后，他们全都站起身来，热烈地欢呼、喝彩。

金就这样开始了摆脱他的过去和南方黑人的悲惨境地的出埃及之旅——这次征程最终使他的同胞们全都追随起他，甚至包括他的父亲。

## 二

年轻的马丁热切地渴望获取大量知识，以与他业已非常丰富的词汇量相称，于是他又来到宾夕法尼亚州切斯特（Chester）的克罗泽神学院求学——这是一所规模不大的学校，学生不足百名，其中大约四分之一是黑人。那些年像这样种族混合的学校还很新奇，校园中洋溢着自由主义的思无涯气息。然而，在绝大多数是白人的学生中，总是修饰整洁、彬彬有礼的金，起初多少有些拘谨、沉默与不合群。有一次金严厉地斥责了另一名黑人学生，因为他在房间里藏了啤酒。金认为为担负起“黑人民族的重负”，他们有责任做到令人无可指摘。金曾经在一位黑人牧师的教堂做过一段实习牧师。他最初的自负和保守迫使这位黑人牧师知会克罗泽神学院的白人教师们，尽管金在讲道坛上表现不俗，他“待人却很冷漠”，有些“势利”和“骄矜”，可能会妨碍他“在一般的黑人圣会上有效地履行牧师职责”。

然而他还是成了一个异常用功的学生，在克罗泽神学院掀起了一场建构自己知识视野的非凡的系统性运动——他时常在自己的房间里通宵学习，遍览柏拉图、圣奥古斯丁、卢梭、霍布斯、洛克、尼采等人的著作，了解印度教、耆那教、伊斯兰教的教义，似乎下决心要按部就班地爬梳各种知识，穷尽最终意义，获取一切生命的真理。他曾一度痴迷于沃尔特·劳申布施（Walter Rauschenbusch）的“社会福音”运动。该运动乐观地认为，通过“社会的道德重建”，以“基督教共同体”取代“拜金的资本主义”，人类的状况是可以得到改善的。金在阅读了一些马克思的著作后，非常叹服于马克思对资本主义制度的深刻批判，这使他对资本主义的冷酷及其摩洛神式的恐怖品质形成了终生的厌恶。金在进一步为梭罗的主张——“一个诚实的人”能在道德上重建整个社会——所倾倒后，又了解到甘地，以及甘地的功绩：将梭罗的个人非暴力抵抗原则转化为一种驱逐英国势力出印度的震撼人心的民众运动，通过受苦民众有耐心的抵抗形成巨大的“精神力量”，不仅使殖民当局感到无法运作，而且使统治者的良心难以承受。即便如此，当时金仍然不相信甘地的非暴力抵抗对于反抗盛行于美国南方的种族隔离制度会有什么作用，正如他后来所回忆的，他仍然认为很可能“解决种族隔离问题的唯一办法就是武装暴动”。在他看来，莱因霍尔德·尼布尔（Reinhold Niebuhr）的理论更宏大也更为实际。尼布尔认为劳申布施那种愿景，与人类本性中内在的根深蒂固的自私之恶，存在永久的矛盾；这种自私之恶最公开的表现是“集体邪恶”，即人类成为群体时，总是比作为个人时更为凶残，这种倾向可延伸至国家、政府、企业，以及所有这样大型的社会结构。

与此同时，金在克罗泽神学院变得足够自信了，从一个冷漠呆板的人变成了一个校园里的快乐天使，以至最终他竟被选为学生团体的主席。他兴致勃勃地打水球、玩纸牌，自己也喝起了啤酒，还开始吸烟，这个习惯就此持续了他的一生。他又像在亚特兰大时一样，向周围的女孩子施展起魅力，他认为其中有几位，在他毕业离开后，仍然钟情于他。

但是在第三学年，金和在学校食堂做厨师的一位德国移民妇女的女儿，疯狂地坠入了爱河，这是当时最让他劳神费心的一段罗曼史——那个女孩正和一位教授关系暧昧，金把她“撬”走了。当金的朋友们意识到他当真下了决心要娶那女孩时，他们热切地劝告他，这种不同人种间的婚姻，势必在黑人和白人中都招致强烈的反对，会彻底地毁了他在南方教堂担任牧师的希望。然而，金坚定地拒绝放弃那女孩，与此同时，他也陷入了深深的苦恼和绝望。一天晚上，金很晚才回到学生宿舍，他又一次在和那女孩的秘密约会中被搞得心烦意乱。他唤醒了一位朋友，眼里满含泪水，痛苦地一吐衷肠，说他能经得起父亲对这件婚事的暴怒，却不知道如何面对母亲的痛楚——但他仍然没有下定决心离开那女孩，抛弃他一生的挚爱。他正愈加强烈地想要当上南方社会里地位很高的牧师，而这段感情却几乎肯定会毁掉这一切，面对这一形势，在经过了大约六个月后，金最终退却了——不过，显然经受了挥之不去的痛苦折磨。按照一位朋友的说法："他的心都碎了。他始终没有恢复过来。"

的确，这是个损失，是当时不可调和的种族疏离造成的损失，也成为金终其一生都难以愈合的伤口。不过，到金毕业时，他仍然因各科平均成绩最高，而成为在毕业典礼上致告别词的学生代表，并获得了继续深造的奖学金。

金爸爸因为儿子在克罗泽神学院的成功，送给他一辆配有"滑翔机"（Power Glide）变速器的雪佛兰轿车作为礼物。金开着锃光瓦亮的绿色新车，来到北方的波士顿大学攻读博士。他住进了萨伏伊舞厅对面的一幢公寓。晚上，舞厅的音乐不断透过紧闭的窗户，撞进他的房间里，而他又像以前一样，如饥似渴地在堆积如山的书籍中用功。即便如此，他也并不是把自己完全关在屋子里，他经常参加社会活动，作为一个文质彬彬、风度翩翩的花花公子式的人物，去寻找波士顿可能提供的情投意合的女伴。他自己邂逅的女孩都令他深为沮丧，这时，有人给了他一个姑娘的电话号码，使他坚信这位姑娘绝不会让他失望。

科丽塔·斯科特（Coretta Scott）差不多比金大两岁，是波士顿新英格兰音乐学院的学生。她是个聪明而端庄的姑娘，毕业于安蒂奥克学院（Antioch College），父亲是亚拉巴马州乡下佩里县（Perry County）一名富裕的农场主。她从小是个孤独而严肃的女孩，有个心愿是能很快从乡下教堂唱诗班的首席歌手变成一流音乐会上的独唱演员。尽管她是靠在“笔架山”（Beacon Hill）高级公寓打工挣膳宿费上的音乐学院，但她仍然保持着文静而优雅的气质。她母亲的祖先有印第安克里克部落的血统，这使她看上去简直像埃及雕塑一样宁静安详。她似乎是上天注定与金的性情相配的。

但是当科丽塔接到金的电话时，她被吓了一跳。金在两人还没见过面的情况下，就用他那管风琴般的声调迅速地宣布：“每个拿破仑都有他的滑铁卢，我就像拿破仑一样——现在我来到了我的滑铁卢，我跪下了。”科丽塔无疑被他的话所打动，同意至少可以和他共进一次午餐。然而第二天，当金来接她时，她惊恐地发现，那些绝妙的语句竟然是出自这样一个矮矮胖胖、其貌不扬的人。金开着他的“滑翔机”雪佛兰，载着科丽塔来到一家自助餐厅，他开始在她眼里散发出光芒来，他打开了话匣子，从南方油炸的黑人传统食物到比较哲学，无所不谈，直到科丽塔像金在埃比尼泽做见习布道时的听众们一样，听着他那交响乐一般华丽的词句，感到他的形象不断高大起来。金把科丽塔送回音乐学院时，最后对她说："我找妻子有四个条件，性格、智慧、人品、美貌。你全都具备。"

从一个电话，到宣布想娶她为妻，这一步迈得实在是太快了，接下来，金便按部就班地安排了一系列温文尔雅的追求活动，主要是请她去听音乐会和看戏。他们很快就发现，两人都为某个更伟大的事业所吸引着，像当时众多非裔美国南方青年一样，怀着潜在但躁动的急迫感，要改变他们成长期所处的冷酷而压抑的社会。然而，当觉察到儿子对波士顿的这个女孩前所未有地认真时，金爸爸不安起来——他一向期望儿子回到亚特兰大担任教职，娶一名当地黑人社区的姑娘，其中有不少马丁显然也曾经追求过，这件事情老金不失时机地透露给了科丽塔。在科丽塔到亚特兰大拜访了金的家庭，金爸爸带着夫人到波士顿具体商量了这桩婚事后，科丽塔忧虑地注意到，马丁在他父亲咄咄逼人的气势下显得格外顺从，继而她又听说了老金的抱怨，说科丽塔并没有给他留下很好的印象。

但是最终一切皆大欢喜。1953 年夏天，在金开始最后一年的学习之前，在科丽塔实际上已经放弃音乐生涯的念想之后，在亚拉巴马科丽塔家的前院，他们结婚了——就像是平常人因爱而平静地结合，而不像是一对传教士夫妇。周围所有宾馆和汽车旅馆都因为种族因素而对他们关上了门，他们的新婚之夜是在附近一家殡仪馆居住区的客房里度过的。

此后，金继续在波士顿刻苦攻读，为他的牧师生涯积攒令人尊敬的个人资本。尽管他认为标准的自由主义观念振奋人心的一面太过天真，并因此越来越感到不安，但他也断定尼布尔有些太过专注于人类本性中无可救药的卑劣部分。作为对两者的融合，他将巨大的热情倾注在黑格尔的辩证法理论中，认为人类理解力和流行理论的持续发展，都不可避免地要唤起相反的对立理论，两者随之形成融合，产生新的综合理论，然后再受到新的对立理论的挑战，如此相互影响，循环往复，以至无穷。他还发现，自己深深地受到一种叫作“人格主义”的神学学派思想的影响。该学派强调：对世界上所有事务的意义的最终实际的衡量尺度，是它们影响个人生活的份额，对个人价值的任何侵犯最后都将被判定为恶。总之，金将形成一种基督教社会主义的道德心。有一次，他向朋友坦白："如果我们要达成真正的平等，美国就必须实行一种改良形式的社会主义。"尽管驱动他的始终是一种本质上属基督教的观念，并且这种观念不可能彻底远离他父亲所奉行的传统而保守的浸信会基要主义思想。在这样的思想观念基础上，他实现了他本人最有意义的个人解放。

不过，金在漫长的思想活动中，始终没有成为一位原创型思想家——他的思想更多的是用于教诲别人和出于兴趣的追求，其目的是积极的。就此而言，金在其课程论文甚至是博士论文中，无论是出于怎样的疏忽、匆忙和急躁，毕竟是从别人的著作中全盘照搬了许多内容而没有悉心注明出处。几十年后，当这一倾向被发现时，很多人曾为此痛苦，视之为公然的学术剽窃的例证。尽管如此，金的确是证明了他具备吸收和综合其他思想家的伟大观点的出众能力。金真正非凡和独特的才干在于，在如此勤奋地吸取了各种思想观点后，当历史在像蒙哥马利事件这样的偶然事件中对他委以重任时，他能够将那些思想观点如此直接而引人注目地转化成宏大的行动。实际上，很少有人能使思想得到如此影响深远的运用。

在将思想转化为行动的过程中，金感动群众的力量并非来源于他自我构思的学问，而是源自他起初曾鄙视过的圣灵降临教派（Pentecostal）——他儿时参加过的教堂仪式上令人发自内心颤抖的语句给身体带来的感觉。对于语言的能量和活力，金的一位同事曾向传记作家斯蒂芬·奥茨（Stephen Oates）评述说："正确的词语，在倾注了感情之后，能够影响整个人，改变人们的关系。"

* * *

在完成了波士顿大学最后一年的学业后，金毅然拒绝了他父亲不断增长的要他立刻回家分享埃比尼泽教区的愿望，而是在距亚特兰大约一百七十英里以外，亚拉巴马州首府蒙哥马利的一座教堂找到了一份教职。这里有一群人数虽少但却很适合于他的信众，大多是中产阶级，相当高雅而有教养。科丽塔本人对这一决定非常难过，她本来希望他们能在北方某座大都会的市中心开始新生活。然而，1954 年 8 月末，他们将行李装上了绿色的雪佛兰，离开波士顿，回到了曾经生养他们的故乡，那天气如梦、土壤肥美的乡间，那广袤、温和、薄雾朦胧、松树丛生的南方。

## 三

德克斯特大街浸信会教堂是一座整洁、朴素的木质小教堂，在宽广的主干道德克斯特大街上距亚拉巴马州议会只有很短的距离——简朴的黑色教堂与拥有白色穹顶、小山一样耸立的州政权大厦近乎比邻而居，就即将来临的南方种族冲突而言，真是一个令人难以置信的象征性的舞台背景。1954年，每星期天聚集在德克斯特这个至圣所的相对富裕、保守的黑人居民们，发现他们新来的年轻牧师正是令他们尊敬的风格——一个学问渊博的年轻神学家，又是亚特兰大著名牧师的儿子，年方二十五岁，就显示出坚定、文雅、威严、尊贵的气质。他们非常满意，一致同意付给他城里所有黑人牧师中最高的薪水。

金聚精会神、诚挚认真地履行起牧师的职责。他通常6点钟就起床，每星期都要花很长时间编写并背诵下个星期天要宣讲的布道词，最后还要对着浴室的大镜子排练演讲。有一次他愉快地向信众们透露，为了准备这些布道词，他总共已经阅读了二十六本书和一百零二本杂志。每星期天在这座简陋的小至圣所里，他用洪亮的声音向他们发出的训诫，似乎过多地引用了阿奎那、弗洛伊德、卡莱尔（Carlyle），甚至阿尔弗雷德大帝（Alfred the Great）的典故。但是这些布道词，在其精心构筑的博大精深的表象之下，隐含并搏动着紧密浓缩、隐晦而宏大的目标，几乎无一例外地感动了会众。

金一丝不苟地办理婚礼和葬礼等日常事宜，主持教堂的联谊活动，改组教堂的运营结构，同时也积极参加更广泛的社会活动，出席亚拉巴马人类关系促进会的会议，参加全国有色人种协进会（简称 NAACP）蒙哥马利分会的活动——这些都暗示着他那勃勃的雄心在不安宁地躁动。他私下里承认，也许会竞选这些机构的领袖。在这些活动中，他时常收到金爸爸从亚特兰大发来的信，不厌其烦地对他进行各种指导和劝诫。与此同时，他还辛勤打造着他的哲学博士论文，对蒂利希（Tillich）的分析神学与人格主义更热烈更直接的价值之间的对比进行了思索——无论他怎样草率地抄袭了他人的著作，在他来到蒙哥马利九个月后，他还是被授予了博士学位。又过了几个月，1955 年 11 月，科丽塔生下了他们的第一个孩子，是个女儿，他们给她起名叫尤兰达（Yolanda）。

总而言之，在蒙哥马利仅仅过了一年多一点，金便在黑人社区赢得了对于一位如此年轻的牧师来说极不寻常的崇高威望。而且这一切还都发生在一座南方腹地的城市。这里是内战时期南部邦联的旧都，其五万黑人居民与七万白人居民相比，仍然生活在隔离的阴暗的社会里，只能上破旧的学校，住简陋的房屋，只有不到三分之一的家庭拥有配备了水管设施的室内卫生间。蒙哥马利的大部分黑人都从事着卑贱的工作，主要是满足白人社区的需求，供白人过得更舒适。黑人中只有大约两千人经登记拥有选举权，他们的生活全凭对他们极端鄙视的白人把持的政权随意摆布。

为了充分理解和感知接下去发生的事情，你必须先在时间的长河中努力回溯——穿过响亮的风和闪烁的光一直向前回溯，回到里根的新保守主义时代之前，回到水门事件和越南战争的狂热和骚乱之前，回到六十年代的风暴之前，回到举国蒙创的那个达拉斯的下午[①] 之

① 指 1963 年 11 月 22 日星期五下午，时任美国总统约翰 · 肯尼迪在达拉斯遇刺。

前——一直回到今天美国人眼中平静、安稳、质朴的五十年代。

1955 年 12 月 1 日，一个寒冷、昏暗的星期四傍晚，一位名叫罗莎·帕克斯（Rosa Parks）的四十二岁的女裁缝师，也是一位身材苗条、声音柔和、衣着整洁、举止得体的戴眼镜的女士，在辛勤工作一天之后，离开蒙哥马利商业区百货商店内的裁缝铺，满身疲惫地登上市区公共汽车回家。在已经很拥挤的车内，她在车厢中部靠过道的一个座位上坐下，身旁还有另外三位黑人乘客，正好在按照法律预留给白人的前区之后坐了一排——车上的座位很快就坐满了人，直到第三站时，上来了一名白人男子，不得不站着。司机转过身来，向帕克斯夫人和她身旁的三位黑人乘客喊道："好了，你们几位，把那些座位让出来。"另外三名黑人乘客顺从地站起身来，走到车厢后部站着——然而帕克斯夫人一动不动。司机又一次要求她为白人乘客让出座位。这时的她，不仅是出于一天的辛劳产生的不耐烦，而且作为蒙哥马利黑人多年积聚的屈辱感和尊严感突然迸发了出来，她平静而直率地回答道："不。"

这声“不”和帕克斯夫人的被捕，很快就在蒙哥马利的黑人社区引发了怒火，黑人们自发地决心抵制该城种族隔离的公共汽车系统。实际上，这样的对抗之势早已形成。此前一年，美国最高法院就布朗案做出的判决，毫无异议地宣布学校里的种族隔离是违宪的。这一判决像一阵劲风吹过，令整个黑人社会欢欣鼓舞，也加剧了人们对整个种族隔离体系的不满。更特别的是，此前已发生过几起黑人妇女被迫让座给白人的事件，人们采取抗议行动的情绪已在酝酿中了。就此而言，帕克斯夫人本人的怒火也并非凭空而来：令她身为理发师的丈夫不安的是，她早已是全国有色人种协进会当地分会尽心尽责的会员了，还担任过其官员，该组织当时被大多数南方白人视为危险的麻烦制造者；她曾在北卡罗来纳山中一家叫作高地民众学校的人种混合的社会权利培训中心接受过为期一周的培训；她还曾在蒙哥马利好几次黑人选举登记活动中担任过助手。现在她因为不肯在公共汽车上给白人让座而被捕了，当时蒙哥马利一位老黑人权利积极分子，长着一双巨大拳头的铂尔曼酒店搬运工埃德加·丹尼尔·尼克松（E. D. Nixon）义愤填膺地说道：“决不能善罢甘休！”号召从下周一起抵制该城公共汽车的各种油印传单，几乎立刻传遍了各个黑人社区。

然而在帕克斯夫人被捕的那天晚上，当尼克松打电话给德克斯特街浸信会教堂的年轻牧师，请他参加抵制行动时，正专注于自己的多项职责的金，出于某种不安，令人奇怪地显得有些犹豫："尼克松兄弟，让我考虑考虑，回头再给我打电话吧。"尼克松对金的犹豫担心起来，又打电话给蒙哥马利最古老的黑人浸信会教堂二十九岁的牧师拉尔夫·阿伯纳西（Ralph Abernathy）。阿伯纳西当时已经是金最亲密的朋友了——他身材矮壮得像一头獾，长着一双惺忪的睡眼和一张下垂的脸，却是个幽默、欢快而直率的人。他后来和金形成了多年的特殊的战友之情，他就像是金的福斯塔夫（Falstaff）①。阿伯纳西当即打电话劝告金，在这次抵制行动中提供合作是至关重要的。金最终表示，如果这并不表示他承担组织工作的话，他愿意助一臂之力。至少他同意了参加第二天（星期五）在德克斯特举行的第一次领导会议。但是，那次会议后，金非常积极地和阿伯纳西一起，在教堂的地下室油印了

① 莎士比亚笔下脍炙人口的喜剧人物，外形肥胖，生性贪婪怯懦，喜发豪言或作机智妙语，先后出现在《亨利四世》和《温莎的风流娘儿们》等剧中。

修改过的传单，正式宣布星期一开始抵制行动。第二天晚上，他又和阿伯纳西一起去城里的黑人夜总会巡游，宣传抵制活动，并号召保持秩序，保持镇定。

星期一早晨天还没亮，金就起床了。他急匆匆地端着一杯咖啡来到前厅的窗前，令他惊喜的是，他看到连续三辆通常挤满黑人乘客的公共汽车，亮着灯从黑暗中驶过时，车内都像闹鬼一样空空如也。他连忙钻进自己的小轿车，独自驾车在清晨的街道上转悠了大约一小时，看到其他公共汽车也都只载有寥寥几个白人——而在清晨初现的熹微和寒气中，成百上千的黑人都在人行道上吃力地步行着去上班，其他黑人则挤在朋友或亲戚的小汽车里。

金和蒙哥马利的其他黑人领袖，在仍然为初步的巨大胜利震惊不已的情况下，于当天下午再次开会，为当天晚上将在一座更大的黑人教堂里举行的群众集会做准备。这次群众集会将成立一个总组织，根据阿伯纳西的提议命名为蒙哥马利权利促进协会（简称 MIA），以领导抵制运动。马上有人提出了问题：推举谁来担任全部事务的领导人？尽管金已经二十六岁，仍然被一些人说成是“更像个孩子而不像大人”——但是很大程度上是因为他初来乍到，还没有卷入城里黑人社会的政治纠纷——结果惊人的是，金迅速成了唯一被提名的人。还在惊愕中的金，当被问及是否愿意接受这个职务时，他极其勉强地回答道："如果你们觉得我能出点儿力，那么我愿意。"

会后，金回到家里为晚上的群众集会做准备。由于突然被赋予抵制运动领袖这一角色，将在会上发表主要讲话，他心中惶恐万分。"我害怕极了，"他后来承认道，而且"很没有信心"。黄昏时分，他没吃晚饭就动身了。从莫尔海德（Morehead）赶来的一位金的老朋友开车将他和阿伯纳西送到了会场。他们发现教堂几条街外都被大约四千名蒙哥马利城的黑人挤满了。他们下了车，费力地挤过人群，走向教堂。将12月的冬夜挤得热气腾腾的人们，自动地闪开道让他们通过，同时哗哗的掌声开始向远处传播，很快就变得像巨大的浪潮一般。金有那么一瞬间惊愕得走了神，喃喃地对司机说道："你知道，芬利，这要闹成大事的。"

金和阿伯纳西到达教堂时，那里已经为门外的人山人海备好了扩音器。他们走进教堂时，挤在至圣所里的上千人又爆发出掌声和欢呼声。他们全都被领进了一片巨大而有节奏的古老复活圣歌声中——

> 是怎样的友谊，怎样的天赐快乐，
> 依偎在永恒的臂弯！
> 我拥有怎样的恩惠，怎样的宁静，
> 依偎在永恒的臂弯！……

金走上了讲道坛。正如这一刻在泰勒·布兰奇（Taylor Branch）的民权运动编年史第一卷中所生动记载的，金审视了一番聚集在他面前的群众，其中很多人他还不认识，终于，他开口了："今晚我们来到这里"——他停顿了片刻——"是为了一件严重的事情。"听众中传来了一片应答的低语声。金用平稳而庄严的声音继续从容不迫地阐述了聚会的必然性：

> 我们来到这里，从一般意义上讲，是因为首要的——我们是美国公民。我们决心充分运用我们的公民权……但是，我们来到这里，还有一个特殊意义，是因为蒙哥马利公共汽车的状况。

金每说一句话，人群中都传来满怀期待的隆隆声，声音在不断增高。金讲述了三天前那个夜晚所发生的事件背后的历史，解释了为什么对罗莎·帕克斯的被捕他们最终必须采取集体社区的抗议行动。他说帕克斯夫人“并非最优秀的黑人公民之一，而是最优秀的蒙哥马利公民之一”。说到这里，他又停顿了一下。

> 你们知道，我的朋友们，终有一日，人们再也无法忍受压迫者铁蹄的践踏——

突然爆发出一阵雷鸣般的欢呼声、喝彩声和跺脚声，似乎吓了金一跳，一秒钟后，又从窗外传来更大的山呼海啸般的声浪——实际上，就是这些呼声，催生了此后多年在南方黑人教堂和临时房屋举行的所有群众集会。金的声音再次响起，压过了喧嚣声：

> 我的朋友们，终有一日，人们再也无法忍受被抛入屈辱的深渊，经受无穷无尽的绝望的折磨。终有一日，人们再也无法忍受被赶出生

活中7月的灿烂阳光，在阿尔卑斯山11月刺骨的寒风中罚站。终有一日……

他的声音再次被掌声和欢呼声淹没。人们的激情是被他的词语激发的，尽管他并没有充分的准备，不可能编织出华丽辞章来。后来一直被证明是金的天才的他那非凡的口才，如果不是与人文精神相结合，也许就会成为笨拙的比喻和堆砌的辞藻，而那些充满人格魅力的彩章佳句，是在漫长而残酷的斗争中，通过精心的锻造，才逐渐积累而成并出神入化的。他继续大声地讲道：

现在，请让我们说，我们来到这里，不是为了宣扬暴力，我们已经克服了暴力。我希望整个蒙哥马利、整个国家都知道，我们是——一个基督教的民族……但是美国民主的伟大光辉，正体现在有权利为正确的事情发出抗议……如果我们错了，这个国家的最高法院就错了。如果我们错了，万能的上帝就也错了！……

金的吼声这时不得不努力盖过越来越热烈的欢呼、鼓掌和跺脚的声浪，以及教堂外黑暗中更广大的群众的呼声了——他彻底放松了，又显示出他每星期天上午布道时，德克斯特教堂的会众们总能感受到的那种激情和魅力来，进入了一种超越学识、政治和法律的灵魂交流：

>……如果我们错了，拿撒勒的耶稣就只是个乌托邦的梦想家，从来没来到过地球上！如果我们错了，正义就只是个谎言……我们决心坚持蒙哥马利的奋斗，直至公平似水奔流，正义如泉喷涌！

这是金在关键时刻施展其神秘的天才领导力，使得某些人和事物突然发挥出比他们寻常巨大得多的神奇力量的最激动人心的事例。在经久不息的雷鸣般的欢呼声中，他走向教堂的过道，开始走出教堂。在他经过时，人们争相俯下身来，伸手抚摸他。

一切开始了。

从今天回看历史，蒙哥马利公共汽车抵制行动的实际要求，实在是少得可怜：只不过是自由移动——黑人可以从车厢后部坐到前部，白人可以从前部坐到后部，无论黑人还是白人，坐定后都无须向对方让座。司机要以同样的礼貌对待所有乘客。占所有公共汽车乘客约四分之三的黑人，至少要被允许申请担任黑人乘客为主的线路的司机，并且申请应得到认真考虑。金本人的软弱畏缩与在群众集会上表现出的雄辩形成了鲜明反差，他甚至向当地记者和市政当局保证，“我们并非要求结束种族隔离制度”——尽管他的确曾向一名记者透露，他个人认为一切种族隔离行为都是巨大的罪恶。但是蒙哥马利黑人的诉求的确看上去太怯懦了，结果招致全国有色人种协进会及其执行干事罗伊·威尔金斯（Roy Wilkins）的猛烈批评。威尔金斯一向担心自发性的群众抗议活动会破坏全国有色人种协进会精心掌控的法庭斗争计划——威尔金斯与金的不和，实际上一直持续到金遇难。

不过，诉求如此之低，黑人社区普遍对胜利抱有极乐观的态度，正如阿伯纳西后来讲述的，“问题在三四天内就能全部解决”。尽管发生了一些零星的暴力事件——比如向因抵制而空无一人的公共汽车开枪——金本人也认为整个事情顶多在几个星期内就能搞定。然而他很快就认识到，他陷入的麻烦要大得多，耗时也将长得多。

蒙哥马利的这场初战，在很多方面都可以说为金的未来定下了整个基因序列。在最初的谈判会上，抵制行动的领导人们遭到了市政当局立刻而顽固的反抗，当局时而如邻人般友善，时而吹胡子瞪眼睛地发火。在一条公共汽车线路的发言人看来，这事意味着黑人们“将到处吹嘘他们战胜了白人”。白人中很快流传开一种怀疑，认为整个麻烦都是南方之外的邪恶势力的手笔，比如纽约的自由主义煽动者，无疑还有共产党人，因为正如一名白人居民所说的，在他们的家乡蒙哥马利，“黑鬼们没那么聪明”。蒙哥马利的市长曾宣称：“白人们坚信，如果这件事情意味着我们这个地区的社会结构要被摧毁，那么他们才不在乎黑人们是否再坐城市公共汽车呢。”

鉴于双方这样的心态，蒙哥马利权利促进协会的领袖们很快认识到，现在谈判是不会有任何结果的。与此同时，由于黑人社区对公共交通极其依赖，为了弥补损失，蒙哥马利权利促进协会还招募并资助该城的黑人出租车司机，请他们以最低的运费向黑人提供服务——此举很快遭到了市政当局的反击，威胁要逮捕所有不按法定标准收费的司机。于是运动的领导人们又发动并精心组织了大规模的共用小汽车运营行动，以使抵制行动挺过此后令人疲惫的几个月。在两百多名志愿参加的私家车司机每天提供大约两万次服务的情况下——简直是堪比敦刻尔克大撤退时民船参与抢运的公共壮举——抵制行动才维持了一个又一个星期。对此，市政当局的回应是，派警察四处出击，成群散布在搭车者们上车的地点，截下共用车司机，检查车的大灯和雨刷等，以各种各样稀奇古怪的理由指控他们违反交通规则。

市政当局惊惶失措，很快就将注意力集中到金身上。白人官员开始将他描绘为一个自命不凡的煽动者，说他是阻挠蒙哥马利长期友好的黑白人市民重新修好的主要人物。另外还有流言说他将蒙哥马利权利促进协会的资金充作私用，这同样是别有用心的谣言，金不可能有这种行为，但很多人却认为这正是驱动他的真实原因。其中不仅包括蒙哥马利的白人市民，很快也包括了很多机构领袖和新闻记者，还有联邦调查局局长埃德加·胡佛——这在此后的岁月里，构成了让金备受折磨的一种苦恼。

然而随着蒙哥马利的斗争持续时间远远超过了金最初的预料，他似乎感觉到自己正逐渐被命运拥入更宽阔的怀抱中。他宣布："我们迎来了历史上伟大的时刻——其意义远不止于蒙哥马利。"就像一个没有经验的演员，突然发现自己被拉进了一场从未想象过的大戏中，他开始积蓄自己的潜能，检验自己在随后的岁月中传递信息的技艺，只有通过这样长期连续地在群众集会中发表演说，他的想象力才得以充分发挥。

金的演说已开始促使一些人认为他将成为美国的甘地，但他对甘地的思想和意义仍然了解不深。虽然金很快就用心地研究了这位越来越多地被称为他的前驱的人物，他日后仍然坚称："消极抵抗和非暴力是耶稣的福音。我是通过耶稣走向甘地的。"

金夜复一夜地在蒙哥马利一带的教堂集会上宣讲主要来自于宗教——如果不是出自神秘来源——的道理。实际上，金一向是按照他宣讲的这些道理行事的：在所有人身上，无论是黑人还是白人，无论多么模糊，都天然地存在着一定的对所有其他人的同理心，因此我们往往会感觉到，发生在其他人类同胞身上的事情，也以某种方式发生在我们身上。因此没有人能很长时间地虐待另一个人，而感觉不到内心有哪怕一丝细微的不安的颤动。在与邪恶对抗的精神净化中，当压迫者的暴力遇到宽恕的爱时，他会受到极大的感动，甚至会再生为一个新人，无论是多么局部多么短暂——“你们会使他们羞愧，使他们改邪归正，”金向他的信众们宣讲道——与此同时，社会能见证到这样的对抗将加速人的道德心向同情和正义转化。“其目的是和解，其目的是救赎，其目的是创造一个充满爱的社会，”他宣告，并且从黑人教堂的讲道坛上向蒙哥马利的白人官员们发出了呼吁，“我们将以精神的力量来应对你们物质的力量。我们不会憎恨你们，但我们将不遵守你们邪恶的法律。我们将凭借我们坚忍的力量，很快让你们精疲力竭。”

从一开始，就有人认为，这样的说法太高估人这个物种。几年以后，金本人在谈及这点时，也在一定程度上含糊其词了。有一次他曾说：“法律也许不会让一个人爱我，但能阻止他用私刑处死我。”然而他始终坚信自己在蒙哥马利的那些夜晚所宣讲的道理，“非暴力能够在法律达不到的地方感动人们”，通过唤醒那些“让良知入睡的人们”，最终“使得蒙哥马利偏见最深的人以及美国偏见最深的人，能够成为仁爱的人、友善的人”。当他最终被逮捕时，他宣告：“即使我们每天都遭到践踏，也不要让任何人把你拉低到憎恨他们的地步。我们必须使用爱的武器，我们必须同情和理解那些恨我们的人。”有一次他解释道，对全体人类的最高的、超越一切的爱，全都来自古希腊人的神爱观念。他最终给蒙哥马利发生的事情标上了崇高的刻度：“这里进行的是光明与黑暗的斗争。”有一句他经常爱说的话这时开始出现：“道德世界的天穹很长，而且是向正义弯曲的。”

金在言必称耶稣的同时，只是逐渐地才将甘地在印度进行的非暴力斗争，引为美国黑人挑战南方种族隔离制度的榜样。实际上，严峻的现实是尽管金有神爱的福音，他所面对的形势却比甘地要险恶得多。甘地拥有印度民众气势磅礴的支持，单是靠人数上的压倒优势，就能轻而易举地使统治者的所有手段化为徒劳。而对金来说，非裔美国人在人口中只是少数，民众力量的对比对他严重不利。除此之外，金对抗的不是外来殖民者，而是占人口多数的当地居民的法律和情感。对这些人来说，金给他们带来的风险——未知的地位变化和不祥的预感——是更加直接和切身相关的。就此而言，金最终所能依赖和求助的，只有这个国家其他人的关注和良知——新闻界、华盛顿的权势人物、共和国法律所依据的民主原则等。而唯一能感动南方之外的全国选民的办法，就是让南方的黑人在同整个种族隔离机器直接公开的对抗中占据道德舞台，使得那些如导泻作用一般的冲突——真实的暴力时刻——沉淀显影，迫使白人种族隔离主义者们“将其暴行暴露在光天化日之下，暴露在世人的众目睽睽之下”。

他所谓的“将紧张状态表面化”，其力度必然要依赖新闻媒体界的大规模公开报道。没过多久，蒙哥马利的冲突便开始吸引媒体的注意力——这场历史传奇的最初的、模糊的萌芽，是通过当年灰暗的黑白新闻胶片，首次呈现在全国人民眼前的。金本人很快就引起了媒体特殊的兴趣——一个年方二十六岁的浸信会传教士，宣扬爱其压迫者，使之得到救赎的福音主义思想，显然使他变成了抵制运动的摩西式的传奇人物。令很多人吃惊的是，他担任着如此重要的角色，却令人难以置信地年轻，另外没有逃脱他们观察的是，他不仅有着与所担当的角色相称的严肃态度，谈吐中也显露出教皇般的渊博，风度举止也有大主教般的威严。然而蒙哥马利事件成了民权运动与媒体共生关系的开端，尤其在当时还适逢电视时代的开启。从那时起，电视便成了民权运动进程的关键要素——通过电视的大规模直观报道，公众的意识和良知开始形成一种新的、电子化的神经系统。金已经感觉到这个新要素对民权运动生死攸关，在后来的岁月里，每当游行示威的势头有所减弱时，他就会不耐烦地驱策助手们："我们得搞点事出来。记者们正在离去。……今天不游行是个错误。在危急关头，我们必须有戏剧感。"

有了媒体关注的放大效应，蒙哥马利权利促进协会突然发现资金从四面八方涌来。捐助者五花八门，甚至包括美国汽车工人联合会。蒙哥马利权利促进协会的同情者遍及全球，从巴黎到新德里。就连一向因循守旧的美国全国有色人种协进会，尽管厌恶街头抗议活动，也在感动之余捐了款。这时，一位名叫贝亚德·拉斯廷（Bayard Rustin）的自由作家，激情涌动的老社会激进分子，也从格林尼治村（Greenwich Village）[①] 来到了蒙哥马利——不过他一开始还多少有些谨小慎微，以免激怒已经气急败坏的白人，更不想引起蒙哥马利权利促进协会领导人的不安。拉斯廷是个身材瘦长、文质彬彬、极富教养的人，长着一张白兰地似的褐色的脸，操着一口温柔的西印度群岛口音。尽管他文笔奇异怪诞，但作为长

① 美国纽约曼哈顿的一个区，艺术家、作家的聚居地。

期的和平主义者、马斯特（A. J. Muste）和民权运动元老伦道夫（A. Philip Randolph）的追随者，他经验丰富，长于组织，成为金起家时期的重要谋士。但他也有着当时被认为声名狼藉的"历史污点"，30 年代时他曾加入共青团，后来又因同性恋而遭到道德指控，在加利福尼亚坐过牢——这些恼人的负担最终迫使他切断了和金的正式的工作关系，金虽然果断地接受了他的辞职，但心中并非没有痛苦。然而，拉斯廷来到蒙哥马利时，完全明白这里所发生的事情，正如他在蒙哥马利权利促进协会的一份工作报告中所写的，"挑战的是让我们沦为二等公民的整个社会、政治和经济秩序"，而"那些反对我们的人很明白这一点"。

在这个激情澎湃的年代，拉斯廷属于在美国人数正不断增长的历史悠久的激进进步传统的传人——他们继承了曾属于世界产业工人联合会[①]、乔·希尔（Joe Hill）、大个子比尔·海伍德（Big Bill Haywood），又在 30 年代的纷乱中得以复兴的强硬的平等主义和社会主义梦想——这些美国漫长革命历史的后继者们认为，他们终于从蒙

---

① 成立于 1905 年，绰号为 Wobblies，意为"摇晃者"。

哥马利窥见他们多年期望化为现实的曙光。作为金的私人顾问，拉斯廷将和另一位社会权利改革活动家斯坦利·利维森（Stanley Levison）进行非正式的合作。利维森也是从长期受挫但仍不屈不挠的斗争中积累了丰富的经验。他是位富裕的纽约律师，不仅靠法律事务，也靠经营房地产和汽车代理销售而发了大财。他相貌平平，面色苍白，戴着一副又大又笨的黑框眼镜，外表总有些像官僚一样松松垮垮、死气沉沉。利维森尽管在谋私利方面从来是一毫也不肯放松，但自大萧条时期他还上学时起，就是个热诚的社会激进分子了。他参加过南方民权运动的草创工作，在麦卡锡时代曾组织过为共产党提供财务支持的活动——不过他后来坚决否认自己曾是一名共产党员。无论如何，他的政治历史不会让金失望。利维森后来成了金最亲密和最信任的白人朋友。他不仅是金的战略顾问，而且是金此后一些书的编辑和实际上的代笔人，是金起草演讲稿时的指导者，他甚至还帮助金准备纳税申报单。据泰勒·布兰奇记述，利维森在第一次见到金后，情不自禁地说金是“他在这个世界上唯一真正的朋友”，令他的妻子吓了一跳。总之，他们两人之间似乎有一种奇异的、即时的、深奥的、完全的默契，决不仅仅是志同道合者之间的热络。但是事实也证明，对金来说，这一联手带来了噩梦般的结局。

金有时似乎仍然对抵制行动如此别生枝蔓感到震惊。他在克罗泽神学院学习时的一位老朋友曾看到“他不停地踱来踱去，茫然地问自己：‘为什么上帝认为把我置于这样的境地是合适的？’”接着，一天下午，他在用小汽车搭了三名黑人市民，把他们放在共用车搭车点后，他一生中多次牢狱之灾的第一次来临了。两个骑着摩托车的警察将他逼停在路边，以他故意无视每小时二十五英里限速区的理由，命令他下车。他被搜身后，立刻被铐上手铐，塞进了一辆警车的后座，送到了蒙哥马利北郊。他沉默着，颤抖着，头脑突然一片空白，被推进了这座城市阴森昏暗、臭气熏天的监狱。他后来承认，他当时不停地在想，他肯定不久就会被人偷偷地劫出监狱，私刑处死，这令他不寒而栗。这第一次被捕造成的创伤永远地留在了他心头，无论他后来又有多少次被捕，满怀恐惧地突然被从自己的世界里抓走，落入残暴的白人当局之手，无助地被监禁在危机四伏的地狱般的地方，与世隔绝，只能与自己的忧郁和自我怀疑为伴。

当金被捕的消息迅速地传遍黑人社区后，人们开始在监狱外聚集起来，直到监狱长意识到最好还是将金具结释放。那天晚上，蒙哥马利各处的黑人教堂都出现了连续的狂欢活动。但是金本人在接听了一阵排炮般的恶意电话，并听说有人密谋要杀他后，却"畏缩了"，他后来承认了这一点，并且说自己当时"越来越害怕"。他甚至还临时搞来一把手枪，直到拉斯廷来看望他，在他家的椅子上瞥见了那把枪，从而严厉地斥责了他。一个非暴力的信徒却用枪来武装自己，是多么荒唐。他出狱后的第二天晚上，很晚才从蒙哥马利权利促进协会的策划会议上回到家中，科丽塔已经睡了，这时电话铃却响了。他拿起话筒，听到了这样的声音："黑鬼，听好了，我们早就对你和你们这帮家伙不耐烦了。限你在三天之内滚出这座城市，不然我们就砸碎你的脑袋，把你们家炸上天。"他重重地撂下电话，走进厨房，打了些咖啡，睡意顿时全无。他端着杯子坐在餐桌旁，深深地感到羞愧，为自己的软弱无能，为自己在领导黑人群众进行的斗争遇到严峻考验时仍贪恋小资产阶级的特权生活，最终，还为了自己通过"继承"而取得牧师地位的肤浅性——他"还从来没有像所有走上这条生活的孤寞之路的人那样……与上帝进行过必需的交流”。他后来回忆起那个孤独忧伤的深夜时分，“我受不了了”，“苦苦思索着能抽身而退，又不显得懦弱的办法”。他把头埋进了双手中，突然意识到在这午夜厨房的静谧中，自己正在大声地祈祷：“主啊，我来到这里，是想做正确的事情……但是主啊，我动摇了，我正在丧失勇气。我不能让人们看见我这个样子……可是我已经达到了极限，我无法独自面对。”就在这时，如金所诉说的，他好像听见了“一个发自内心深处的声音……耶稣的声音”在回答他：“马丁·路德·金，你要维护公平，维护正义，维护真理。我将与你同在，哪怕是直到世界末日。”金继续说道，那耶稣的声音“承诺永不弃我而去，永不置我于不顾”。

于是，金报告说，他的一切绝望之感都烟消云散了。也许当真是那次午夜厨房里的耶稣显灵，使得金在此后多年的惊涛骇浪中，得以保持他那独特的近乎冷漠的风度，仿佛他的内心深处正在与某种远远超越当下喧嚣的东西进行神秘的交流。至少，那个午夜对他来说是个幸运的时刻，使他适时地振作起来，能够镇定自若地应付四天之后的那个晚上发生的事情。

金正在阿伯纳西的教堂主持一次群众集会，一颗炸弹在他家的前廊爆炸，炸毁了前厅。金急忙赶回家，看到科丽塔和他们的女婴因为在后屋而安然无恙，但是院子里和街上已经挤满了大约三百名怒气冲冲的黑人，许多人都挥舞着枪和刀子，还有一群乱哄哄的记者四处奔跑，白人警察们拼命想维持秩序，不时地与疯狂地咆哮、威胁的人群发生冲突，而这一切的背景声是尖厉的警笛。金为运动注入的非暴力精神分解成了暴乱和仇恨。这是金第一次面临这样的危机，尽管在他余生中，这样的危机不断地迫近他。金站在他家前厅的碎玻璃和烂瓦砾中，举起一只手，平息了喧嚣。他大声喊道："我们不提倡暴力！我们要爱我们的敌人——善待他们。这是我们必须遵守的准则。我们必须以德报怨。我们必须爱我们的白人兄弟，无论他们怎样对待我们。爱他们，并让他们知道你爱他们……"（一名白人警察后来承认，那天晚上他情愿"为那位黑人牧师"奉献生命。）尽管如此，金继续说道："即使我的生命停止了，这场运动也不会停止……因为我们所做的是正确的，我们所做的是正义的，上帝与我们同在！"

金和家人被接到了他在德克斯特教堂的一名会众的家中继续过夜——大约凌晨四点钟时，随着前门一阵猛烈的拍打声，金爸爸出现了。他从亚特兰大径直驱车而来。他立刻瓮声瓮气地说，很明显该是金离开蒙哥马利，跟他回亚特兰大的时候了，这场抵制行动显然已经激发出一些无法遏制的野蛮和危险。金激烈地反驳说，斗争正需要投入巨大的道德力量，他不能在这时放弃——对此，金爸爸绝望地吼叫道："做活着的狗都比做死狮子强！"两人一直吵到了天明。然而金仍然拒绝父亲伸来的援手。此后，在蒙哥马利，还将有很多次战斗在等待着金。

但是，由于市政当局拒不妥协，抵制运动依然陷于僵局，蒙哥马利权利促进协会悲哀地意识到，这是一场暗中的较劲，看"哪一方能坚持得更久"，哪一方"能将对方拖垮"。与此同时，蒙哥马利的广大黑人市民，在寒暑易季，潮湿酷热的夏季来临时，仍在坚持斗争，在没有公共汽车的情况下，努力克服上班和购物的困难，维持生活。

最终，抵制运动的领导人们决定诉诸全国有色人种协进会长期坚持采用的办法——直接向联邦法院起诉，而全国有色人种协进会也愿意以其雄厚资源鼎力相助。

但是当6月份，一个由三名法官组成的审判组判定该城公交系统的种族隔离制度违宪后，市政当局立刻宣布要上诉，由此将启动一场可能长达数年的法律程序，而在此期间，抵制、共用小汽车、群众集会这样的艰苦斗争都不得不坚持。更令人不安的是，市政当局对蒙哥马利权利促进协会的联邦诉讼发起报复，组织了一个地区大陪审团，对蒙哥马利权利促进协会的大约一百一十五名领导人提起了集体诉讼，其中金首当其冲，被控以违反亚拉巴马州反抵制法的罪名。蒙哥马利权利促进协会用于请辩护律师的经费注定将是巨大的，极可能将维持接下去几个月的抵制行动的资金耗尽。

接着，在抵制行动令人惊讶地持续到将近一年时，市政当局施出了可能是致命的最后一击——要求亚拉巴马州法院判定共用小汽车是无照运营的城市交通系统，而州法院无疑会遂其所愿。抵制行动陷入了扼喉般的绝境中——然而，毫不夸张地说，就在这千钧一发之际，当金已经坐在法庭上，而市政当局的诉状已经摆在一位公认有明显偏向的法官面前时——消息突然传来，最高法院刚刚做出判决，认定蒙哥马利公共汽车上的种族隔离制度的确违宪。于是，已经剑拔弩张的一场恶战顿时化于无形，在大法官平静地宣读了判决词后，长达一年多的抵制运动终于胜利结束了。

无论金怎样地欣慰和狂喜，这时他却奇怪地缄默了，只是和蔼地向记者们评论了几句，该是“从抗议转为和解”的时候了。而实际上，最终并不是传奇性的抵制行动击败了市政当局的顽抗，使公共汽车上的种族隔离制度得以终结，决胜的要素是联邦法院的判决。法律上的挑战也许被群众性抗议活动戏剧化了，但假如不是因为官司最终打赢，有法律的干预，蒙哥马利的公共汽车抵制运动及群众集会、金慷慨激昂的演说、坚忍不拔的共用小汽车运营，都将化为令人心痛的惨败。

然而，自一年前那个阴冷的傍晚，罗莎·帕克斯平静地说出那个“不”字后，由此引发的一切毕竟结束了。金透过厨房窗户向清晨的黑暗中望去，发现公共汽车抵制行动已惊人地开展了十二个月。当新法令下运行的第一辆公共汽车在他家附近的街角停下时，金第一个上了车，他和一位朋友郑重其事地坐到了车前部的座位上。

不出所料的是，运动在法庭上获胜之后，一连串的恐怖袭击接踵而来。两天之后的一个晚上，一杆猎枪射出的霰弹击中了金家的前门。好几辆行驶中的公共汽车遭到了步枪射击。继而一天凌晨，一颗炸弹将一个黑人教堂的路德教会牧师的家炸成了废墟。这位牧师是为数不多的公开支持抵制运动的白人之一。不久又一颗炸弹在阿伯纳西家爆炸了，紧跟着又有四次爆炸发生在黑人教堂，包括阿伯纳西的教堂。这连珠炮般的暴力事件让金的心陷入深深的内疚。在一次群众集会上，他很奇怪地发表了一番讲话，很容易让人联想到他生命最后一个晚上在孟菲斯的那次发言。令听众们惊讶的是，他突然冲口而出："主啊，我希望我们为争取自由而在蒙哥马利进行的这场斗争，不会导致任何人必须付出生命的代价。我当然也不想死。但是假如必须有人献出生命的话，那就让我来吧！"说罢他泪流满面，双手紧紧抓住讲道坛的两侧，泣不成声，直到坐在墙边长椅上的两名牧师起身将他扶回座椅。

这么早他就经常预感到会死，他知道自己在许多白人中引发了难以遏制的怒火，时常想象自己经受大难的情景，就像十二年后在孟菲斯的最后一夜那样。一个星期天的早晨，因前一天晚上他家的前廊里发现了十二枚雷管已烧尽的炸药棒，他对德克斯特教堂的会众们说："今天早晨，我不惧怕任何人……假如明天早晨我不得不死，我将快乐地死去。因为我已经到达了山顶，看到了上帝应许之地。"他后来的助手安德鲁·扬（Andrew Young）曾回忆说："他思考了自己所做的一切，觉得自己在劫难逃。"金对这命中注定的厄运做出的唯一回答，是在一次聚会上沉思着说出的："你将不朽，天使将陪伴你，而你知道自己的所为是正确的。"然而他仍然难以抵抗不时袭来的恐惧，每到这种时刻，他似乎都逃离了现实，遁入深深的忧郁中。在塞尔玛（Selma）运动的前夕，一次炸弹威胁事件后，他忧伤地对同事们说："我对你们所有人都说过，我是不指望在这场革命中活下来了。"而对于反对的话，他只会显得不耐烦，坚持说："我只不过说了实话而已。"在塞尔玛一次早期的游行中，他曾贴近一名同事，低声说道："来吧，乔，和我一起走吧。这也许是我走的最后一段路了。"

多年来，除了炸弹和暗杀威胁不时投下阴影，金实际上还亲身经历了多次袭击。有一次他为了推销自己出版的第一本书，来到了哈莱姆区（Harlem）[①]一家百货商店，一名精神错乱的黑人中年妇女用开信刀刺进了他的胸部。这一击离他的主动脉非常近，后来他被告知，假如他当时打个喷嚏，就会没命了。为取出凶器而做的外科手术，在他的心脏上方留下了一处小小的十字形伤疤。继而在一次飞机旅行中，一名白人乘客重拳殴打了他；还有一次，当他在塞尔玛一家曾经实行过种族隔离制的旅馆登记入住时，一名青年种族主义分子突然猛击他的太阳穴，将他打倒在地，在旁观者趋身救助之前，又野蛮地暴踹了他。但每次遭受这样的人身攻击时，金都保持了他那特有的冷静、超然、坚忍的态度，就像他还是个孩子时挨他爸爸的皮鞭一样。有一次在伯明翰，他正在南方基督教领袖联合会的一次集会上讲话时，又有一名身为美国纳粹党成员的白人青年蹿上台来，重重地在他的右颊上扇了一耳光，但金一动不动，两手垂在体侧凝视着那青年，又任其揍了几下，直到助手们最终将袭击者制服并架离。甚至在这时，金仍然叮嘱他们："别伤害他，我们要为他祈祷。"

① 纽约曼哈顿岛东北部的黑人居住区。

在后来的岁月中，他的烦恼不断增加，有时候他似乎像济慈的颂歌里所唱的，“几乎爱上了静谧的死亡”。他甚至希望一死，以结束所有的痛苦，有一次亲口说希望逃离现实，“痛快地死”。曾有一位好莱坞的制片人和金探讨过拍一部关于他的电影的可能性。制片人随口问金觉得电影怎样结尾好，金回答说：“以我被杀来结尾。”

金发现蒙哥马利事件后，自己一夜之间成了光彩闪耀的全国性名人。尽管他领导的这场斗争最终只是因为起诉到联邦法院，才获得了胜利，但在那个严酷的种族隔离的年代，金仍然被转化为南方黑人潜在的民权革命的标志性人物。他成了《纽约时报杂志》对蒙哥马利事件所做综述中的焦点人物，又上了美国全国广播公司（NBC）的“与媒体见面”节目，很快又出现在《时代》周刊的封面上。他开始出席远在蒙哥马利之外举行的民众大会和教会集会，受到在南方从未见识过的盛大热情的欢迎和宣传。他和当时的其他黑人名流们一起在白宫椭圆形办公室得到艾森豪威尔总统的接见。不久，他又应邀到加纳，出席了该国从英国殖民统治下独立的庆典，然后又到印度进行了为期一个月的访问，参观了甘地领导的非暴力群众斗争的遗址，会见了甘地仍健在的门徒。这些活动使他迅速从蒙哥马利市区一座黑人小教堂的牧师，变成了具有国际影响力的人物。

但是这种超新星般的名声使他陷入了一定程度的错乱。蒙哥马利权利促进协会的一位官员回忆道："就他的人生意义和发展方向来说，这让他遭受了某种实实在在的痛苦。"他甚至承认担心"过早地到达了人生的峰巅"，"我也许要在很年轻的时候就走下坡路了"。与此同时，他对自己的历练不足也充满了恐惧，他有一种奇怪的虚幻感，似乎是一个完全不是他自己并且高于他自己的人在替他出名。在伦敦的一次电视访谈中，他坦承："在我还没有经历过惯常性自省的情况下，让我接受这种标志性的角色，对我始终是件困难的事情。"如果说他与以前有什么不同的话，那就是他变得更加沉默寡言，举止更加呆板僵硬。"他很安静，并且非常非常腼腆，"正如斯坦利·利维森在回忆时所说的，"总与人保持着一臂以上的距离。"甚至在亲近的助手眼里，金看上去也"非常孤独"，正如一位助手所回忆的，"尽管他四周总是围着人"。虽然他从不拒绝和朋友们一起喝上一两杯，但他把这一嗜好，以及抽烟的嗜好，都小心翼翼地排除在公众的视界之外。总之，他似乎对自己的一举成名感到茫然困惑而不知所措。他曾央求后来成为终生密友的哈里·贝拉方特（Harry Belafonte）："我需要你的帮助。我不知道这场运动将向何处去。"

然而，他向德克斯特教堂他的会众们宣称："我现在还不能止步，历史赋予了我一些我无法拒绝的使命。"实际上，在抵制运动期间，他观察蒙哥马利事件的视野就已经拓展到令人吃惊的程度。他说这场运动"是全世界范围内运动的一部分。世界上占绝大多数的人民都是有色人种。今天许多人已经得到了解放。我们是这场伟大运动的一部分。我们不想要阶级差别和等级制度。我们想看到所有人都得到解放"。这时他提出"将斗争扩展到所有战线"，并很早就开始谴责"疯狂的好战主义"和"剥夺广大民众的必需品却拿奢侈品满足富裕阶级的经济制度"。他大胆地提出"只要还存在贫困和丧失了基本权利的白人，黑人就无法得到解放。黑人争取平等的事业，是与改善黑人和贫穷白人的经济状况这一更大的问题息息相关的"。这时距他发动最后的、雄心勃勃的"穷人运动"（Poor People's Campaign）还有将近十年，但正如他曾公开表示的，他对于"拯救美国的灵魂"已经形成了一种痴迷。在德克斯特教堂，他引用以赛亚的话，向会众们慷慨陈词："一切山洼都要填满，大小山冈都要削平，高高低低的要改得平坦，崎崎岖岖的必成为平原。耶和华的荣耀必然显现，凡有血气的，必一同看见……他们将在蒙哥马利看见！他们将在纽约看见！他们将在加纳看见，他们将在中国看见！因为我像约翰一样，看到成千上万的人，正走向伟大的不朽，因为上帝是在这个世界上劳作的！”当他在孟菲斯发表最后一次讲演时，他又一次吟诵道：“我们终将到达迦南的自由之地！摩西也许看不到迦南了，但他的孩子们会看到……”

金已经开始意识到，黑人获得选举权将是“全面解决南方问题的关键”。为了将蒙哥马利反种族隔离和争取选民登记权的运动推广到南方其余地区，他开始建立自己的组织，这令全国有色人种协进会和罗伊·威尔金斯相当气愤。新的组织主要由南方各地的黑人传教士组成，最终被称为“南方基督教领袖联合会”（简称 SCLC）。值得一提的是，其总部不仅设在了蒙哥马利，而且设在了亚特兰大，设在了奥本大街——金童年时代的“甜蜜的奥本”。1959 年 11 月，在德克斯特大街浸信会教堂供职三年之后，金决定返回亚特兰大，最终接受了和父亲共同主持埃比尼泽教区的教职。这时候的金，已经远比父亲要声名显赫，他终于可以毫无争议地凭自己的身份衣锦还乡了。金爸爸向所有人保证“他不是来惹麻烦的”，说这些话时带着怎样的得意和满足可想而知，“恰恰相反，他选择了讲道坛”。

实际上，无论是考虑到父亲的地位还是自己挥之不去的故乡情，金在亚特兰大的民权主张，多年来都显得有些不温不火和三心二意。1960年，学生们到实行种族隔离的餐馆静坐的运动在南方如火如荼地展开。亚特兰大的黑人青年激进分子，为借助金的影响力多次恳求金参加一些对峙激烈的静坐活动，他却令人奇怪而不快地流露出犹豫来。继而，一天晚上，亚特兰大举行了一场群众集会，讨论一项在该城的商店和餐馆取消种族隔离制的方案。这时的金爸爸，早已为儿子激发的群众运动深深吸引。他在会上起身发言，面对学生中的激进分子，为已经与亚特兰大市政当局达成的共识辩护——结果却遭到暴风雨般的嘲笑。金后来悄悄地溜进会场，在教堂后排看着父亲徒劳地竭力呼喊，讲述自己作为在南佐治亚地区都很有名的黑人，长期与亚特兰大的种族隔离社会做斗争的事迹，但金爸爸往常大发雷霆时的威严，在学生们排炮般的大笑和揶揄下显得无济于事。最终金推开挤在过道里的人群，走上了讲台。他出人意料的现身，平息了人们对他父亲的叫嚷。他在讲台上站定，眼里满含着泪水。“我对你们感到吃惊，”他开始说道，声音低沉、平稳，饱含着伤痛和愤慨。接下去他陈述了他对南方各地正在兴起的运动高瞻远瞩的看法，认为运动既需要像他父亲这样的长者长远的眼光，也需要像目前在教堂中的年轻一代朝气蓬勃的锐气。随后他对亚特兰大白人领导阶层曾承诺施行，以在该城公共生活中取消种族隔离制的“最早的成文契约”加以评判，谴责这“不团结的癌症”，最后说道：“假如这个契约被撕毁，那将是灾难和耻辱。假如有人想撕毁这个契约，那就让白人去干吧。”于是，几乎完全是靠金即席发言的力量，方案被接受了——于是，他父亲的面子也保住了。

在逃离亚特兰大，逃离父亲的管控十二年后，他回来了，并且在这天晚上，在很大程度上由他激发的新时代的骚乱中，拯救了父亲。如今意气风发的他，已经成为父亲的保护者。

# 旷野时代

## 一

甚至在金转移到他在亚特兰大的新根据地之前，他就开始风尘仆仆地在全国各地讲演，从纽约到洛杉矶再到新奥尔良，飞来飞去地参加募捐大会，和诸如小萨米·戴维斯（Sammy Davis, Jr.）、弗兰克·西纳特拉（Frank Sinatra）、托尼·本尼特（Tony Bennett）等歌手一起出席名人慈善音乐会，就像是在进行某种无休无止的竞选巡游一样。他经过了太多的机场休息厅，不久他就断言，自己单凭气味就能分辨出又到了哪里。这种连续不断的旅行将充斥他的余生，主要是寻求道义和资金方面的支持，以在整个南方推广正在被虔诚地奉为"蒙哥马利经验"的斗争方式。蒙哥马利事件后，他曾向一位朋友坦白："我担心得要死，在我的余生里，人们会指望我能从帽子里变出兔子来。"然而他似乎热衷于进行这类表演，不停地奔走于密西西比河三角洲、南卡罗来纳、佐治亚、弗吉尼亚，到新的战斗前线传经送宝，有时三天之内竟然会演讲十余场，滔滔不绝地吟诵他那些道德隐喻："我们遭受压迫者的铁蹄践踏，时间已经太长了；我们羁縻于种族主义的漆黑深夜，时间已经太长了……”

但是金发现，在没有像蒙哥马利抵制运动那样的直接危机逼迫的情况下，精神和言辞的力量是非常有限的。尽管他到哪里都受到近乎疯狂的热烈欢迎，却没有再掀起新的大规模斗争高潮，这样最终是无法动摇南方种族隔离的桎梏的。他发现自己好像徘徊在一种高谈阔论的地狱边缘。然而，尽管他越来越多地显露出错位和沮丧的迹象，但仍然强迫自己一刻不停地运动，赶往一个又一个会场，发表一个又一个演讲，就仿佛一往无前的行动和慷慨陈词本身就有意义，就是战斗。

实际上，金这时进入了一段时断时续、飘忽不定的漫长的漂移时期。他的罗盘还没有定位，目标和决心经常改变。他一度怀有一个奇怪的念头，试图依照比利·格雷厄姆（Billy Graham）[①] 的宗教改革体系来设计自己的行动，在精心挑选并事先教化过的社区，举行规模宏大、铺张华丽的鼓动性布道会。他甚至亲自和格雷厄姆磋商过，并在格雷厄姆于大剧场举行的一次布道活动中宣读

---

① 比利·格雷厄姆，生于1918年，美国基督教牧师，是从艾森豪威尔到小布什等多位美国总统的精神顾问。

过祈祷文。他也曾试图利用全国浸信会大会雄厚的资源，服务于自己的运动。全国浸信会大会是美国最大的黑人宗教团体，但该会胆小怕事的地方领导人干脆地拒绝了金的要求。实际上，美国的黑人权势阶层，从宗教要人到亚当·鲍威尔（Adam Clayton Powell）[①]，再到全国有色人种协进会的罗伊·威尔金斯——金的一位朋友曾形容此人“像疯子一样对待马丁”——总体而言，几乎像种族隔离主义当局一样很难相信，这位救世主似的南方青年牧师，将会掀起一股难以控制的大众力量，将人们已经习以为常的秩序搅得天翻地覆。

与此同时，金领导的南方基督教领袖联合会仍然是一个松散而脆弱的组织，全靠全国有色人种协进会的一位前现场组织者、老民权运动积极分子埃拉·贝克（Ella Baker）勉力维持，才得以苟延残喘。财务上几乎总是处于朝不保夕的状态，除了金的演讲费外，没有稳定的资助来源。该会在亚特兰大的奥本大街租了间又小又破旧的办公室，只雇了人数勉强够用的雇员。鲍勃·摩西（Bob Moses）就是其中的一位。他是在纽约哈莱姆区长大的一

---

① 亚当·鲍威尔（1908—1972），美国政治家、民权运动领袖和基督教牧师。他是第一位在纽约州当选国会议员的非裔美国人。

个恬静青年，在哈佛大学获得了哲学硕士学位，戴着副眼镜，显得温文尔雅、沉默寡言，说话轻声细语，酷爱读加缪的作品，几乎是个十足的神秘莫测的人物。若干年后，在酷热而荒凉的密西西比河畔，他成为民权运动中金之外的又一位圣徒。

在这权宜凑合的草创阶段，南方基督教领袖联合会充分地表现出金本人的举棋不定。该会断断续续致力于扩大黑人选民登记活动，不时又心血来潮地投入一些华而不实的活动，比如组建"非暴力抵制种族隔离学院"，幻想着训练一支由志愿者组成的"非暴力军"，部署在发生斗争的地方——假如能引发斗争的话。眼下，该会似乎只能专注于不停地狂轰滥炸般发表新闻公报。

在这个失败连连的漫长严冬，金与斯坦利·利维森合作，努力完成了他若干著作中的第一部，一本关于蒙哥马利运动的个人回忆录，名叫《迈向自由》(*Stride Toward Freedom*)。但是由于金事务繁多，精力分散，书的写作进度毫无计划且极不稳定。金主要是零零碎碎地提供材料，利维森将其构思成可读的框架，后者还时而整段整段地撰写文字，金会欣然而感激地接受。书中也有一些部分是根据像贝亚德·拉斯廷这样的顾问的建议写就的——很多年以后人们才发现，金有大量的文字，像他的学校论文和博士论文一样，是大规模且未公开承认地从别人文章里剽窃来的。实际上，无论黑人牧师还是白人牧师，从其他传教士那里抄袭思想观点和文章段落，甚至整篇的布道词，都是教会内部长期的传统。然而，尽管金雄辩的口才在鼓动群众方面具有强大的威力，写作本身——在纸上讲演，却从来不是金的特长。如果说他在学术上仍然不拘小节，那无疑是因为他更在乎作为一个蒸蒸日上的运动的领袖所发挥的作用，也就是说他并不迷恋于写作，而更迷恋于创造历史。但是利维森却无法和出版商讨论任何这些文本外的考虑，对于编辑接连不断的质疑，他只能奋力补救——这也成为金此后所有著作反复运用的模式。

就在金为如何设法将蒙哥马利的光荣精神发扬光大而殚精竭虑之时，他遭到了暗算。一份法院传票要求他回到蒙哥马利应诉，有人指控他在1956年和1958年的州税纳税申报中有欺骗行为。这是心怀鬼胎的种族隔离主义者、时任亚拉巴马州州长的约翰·帕特森（John Patterson）对金发出的最后一击，也是亚拉巴马州有史以来第一次以在纳税申报方面作假的罪名来起诉某个人。

对金未经报告侵吞了几笔运动资金的指控，似乎对他的打击尤其沉重，竟使他潸然泪下，抗议说尽管自己“无法炫耀至善至美”，但假如他还有“一项美德的话，那就是诚实了”。在审判中，他的账户上有疑问的存款被出示，根据他当时潦草记录的日记，那些显然是对他在抵制运动中的一些开支的补偿，陪审团不得不判决无罪。但这个事件却使金陷入非同寻常的痛苦中，“给他带来的折磨，”科丽塔回忆说，“比他活到那个岁数时所经历的任何事情都要多。”尤其在他领导的机构经济困难时，恰恰是这种说他赤裸裸地贪图小利的指控——加之对他说一套做一套的讽刺——令他精神越发萎靡不振。

巧合的是，这次小小的磨难发生几个月后，金在蒙哥马利第三次遭到逮捕，不过这次被捕的情形比以往更加奇特。他回到蒙哥马利为陷入一桩尴尬官司的拉尔夫·阿伯纳西助威。地方法律官员几乎是兴高采烈地起诉了阿伯纳西。一个男人声称阿伯纳西经常骚扰他的妻子，便袭击了阿伯纳西在教堂的办公室——这位愤怒的丈夫手持斧头，追赶着阿伯纳西一直跑出了两条街外。但是当金想要和阿伯纳西一起进入法庭时，两名警察简慢地拦住了他，说只有阿伯纳西可以入内，金拒绝了他们的要求，他们便抓住他，在走廊里和他厮打起来。金的胳膊被扭到背后，押到了登记处，被控以在法庭上闲逛游荡的罪名。金在法院“无理取闹”的新闻照片引发了强烈愤慨，在很大程度上反而使人们忽视了把金招到这里来的阿伯纳西那桩略带滑稽的案子。

但实际上，金这时正小心翼翼、默不作声地经受着类似的尴尬。

* * *

关于金在全国各地的“偷腥”行为，已经在黑人社区悄悄地传开，人们流露出沮丧之情。匹兹堡的一家黑人报纸甚至发出了劝告：“南方腹地的一位牧师，一个最近因民权斗争而上了报纸头条的人，最好要检点些。”该报还警告他，敌对的种族隔离分子正极力试图“在一间旅馆的房间里，抓住这位传教士正和不是他妻子的女人在一起的现形”。洛杉矶的一位牧师忧心忡忡地写信给金，提醒他：和他嬉戏的女人“都是经常通过和有非凡名望的男人偷情来寻欢作乐的。敌人可不会不屑于利用她们来对男人造成危害。白人女子很可能是诱饵。你必须多加小心”。实际上，金谦恭、恳挚的华丽外表，掩饰不住他巨大的精神魅力，无论到哪里，他都会吸引成群的热情的女人，无论是黑人还是白人，她们会向他递纸条。一名助手曾回忆，在一个不入流的招待会上，“女人们向马丁·路德·金抛媚眼，简直令我难以置信……她们走到他面前，满怀渴望地向他做各种暗示”。可以肯定的是，金“喜欢漂亮的女人”，熟悉他的人后来纷纷证实，“他当真只对女人感兴趣，就是这样”。阿伯纳西后来曾回忆，有时候他们俩在开会时一起坐在主席台上，金会俯身对他咕哝道：“你看那个女人是不是在给我使眼色呢，穿红衣服的那个？”

实际上，金对性冒险的嗜好达到了贪婪的程度，这在今天已经毫无疑问。有位朋友曾劝他克制一些，他回答说：“我一个月有二十五到二十七天都不在家。”他还直率地大声说：“打炮是一种排忧减压的方式。”除了旅途中的一夜情外，他还维持着几段更热烈的私情，经常还是和好几个女人同时交往。就连自己也不拒绝肉欲享受的阿伯纳西，最终也警告金，说他和某个年轻女人的私情，实在是太过明目张胆、鲁莽率性。但是金回答说：“拉尔夫，你说的也许是对的，但我不在乎……我不打算切断这段关系。”对于所有这种对私情的劝诫，他都强硬地予以回绝，就像他还是克罗泽神学院的一个学生时，他那段跨种族的浪漫恋情受到警告时一样。这回他似乎是下定决心，要对自己在爱情上遭受的损失做出补偿，要像狄奥尼索斯一样不顾一切地投入肉欲的狂欢中。

然而尽管他在公众面前庄重严肃，内心中那种极端分裂的折磨，却从来没有停止过。他曾向大学里的听众和教堂里的会众哀叹："我们每个人都有精神分裂的人格，我们在撕裂和分割着自己。所有人的生命中都在进行着某种内战"，"我们中最好的人心中也有一些恶，最坏的人心中也有一些善……我们所有人的内心中都多多少少地既有海德先生也有杰基尔医生"[①]。尽管他的会众们不会因为他本人的忏悔而怀疑他，他们充分地信任他，奉他为圣餐的领受者，但他会大声地疾呼："你们这里很多人都知道，和邪恶斗争是怎么回事……你们可能深受酗酒、不诚实、自私或性滥交的奴役。随着岁月推移，邪恶可能越来越大胆……你们始终明白那样做是错误的，邪恶

---

① 典出英国作家史蒂文森的小说《化身博士》(*Jekyll and Hyde*)，善良的杰基尔医生喝了一种试验用的药剂，晚上化身成邪恶的海德先生四处作恶，他终日徘徊在善恶之间，内心饱受着属灵的内疚和犯罪的快感之间的冲突。

并非与生俱来，而是作为侵略者侵入你们的生活的”，但是“邪恶仍然会与你们同在，上帝并不会将其驱走”。

实际上，金在情欲上难以克制的放纵，与许多用激情成就了自己并能操纵激情的梦想家相比，性情并没有什么不同。但你可以感觉到，金在公众面前显示出的重大影响力，正是来自于他内在的灵与肉分裂的张力。而且，据说金还并不低调地暗示过，在最早做道德工作时，他就多少感觉到，他必须不停地经历罪恶，才能不断地明白宽恕和救赎等灵魂再生的神奇力量——或者如泰勒·布兰奇试图更好地形容的：“要想克服塞壬[①] 邪恶的歌声，最好是听俄耳甫斯[②]的音乐，而不是用蜡塞住自己的耳朵。”有一次，在另一个场合，金在谈及一些白人的种族主义暴行时，提出虽然罪恶“有建设性的一面，那就是，它让你忏悔……弥补自己的邪恶之处”，但它也能驱使你“通过更多地参与带来罪恶的那种活动来淹没罪恶”。就此而言，认为金以不同方式实践马丁·路德的个人箴言“大胆地犯错，但仍要更大胆地相信基督，喜乐于基

---

① 希腊神话中半人半鸟的女海妖，常用美妙歌声引诱水手，令船触礁沉没。

② 希腊神话中的诗人和音乐家。

督”，一次又一次地以偷情纵欲的罪恶来折磨自己，并以通过体验恩典和高度使命感，再造自己的灵魂——恐怕并非胡思乱想。随着岁月推移，他所参加的战斗对他更新精神力量所提的要求越高，他就越深地陷入了能带来这种更新的淫逸行为。

尽管如此，正如金有一次向一位密友所承认的，所有这些令他心底鸣响起一个声音，“我意识到有两个马丁·路德·金”，其中为公众所尊崇的那个人似乎“与我并不相干”。总之，他坦白道：“我的生命中存在着一种双重性。”实际上，更应当说是一种两极性的冲突。当与最亲密的同志私下在一起时，通常是酒酣耳热之际，金也会变得很粗俗，开些拉伯雷式的下流玩笑，比如嘲笑阿伯纳西那桩把他送上了蒙哥马利法庭的性丑闻。但是自从金偶然被征召为蒙哥马利运动的领袖以来，一种个人能力不足以胜任使命的必然的罪恶感，便不断地在折磨金——正如斯坦利·利维森后来所反思的，金只是“一个历史的演员，当历史在某一时刻需要一个人物时，他恰好被选为这个人物……假如他不那么谦恭的话，他也许能承受那样的欢呼，但由于他是一个真正谦恭的人，他的确是承受不了的”。南方基督教领袖联合会的一名工作人员后来评述说，金的痛苦，很大程度上来自于他要努力担当“这种绝对两面性的角色，或者要摆出这种姿态”，“当他代表美国黑人时，他必须像个铁人，像个完人，但他当然既非铁人，也非完人”。

于是甘地的形象便愈发频繁地萦绕在金的心头。金曾经称赞甘地“绝对自律”“表里如一”。无论甘地在金心目中的形象是多么虚幻的错觉，金都始终不渝地渴望成为像甘地一样克己的人物。尽管他没有像甘地那样斋戒或缠腰布或摇纺车，但至少他在外表上努力保持了朴素的生活。强迫自己像甘地那样简朴生活，还意味着必须始终克制他那旺盛的虚荣心，他渴望显赫和被人重视——有一次在他的要求下，南方基督教领袖联合会发布了一份新闻通稿，宣布他将应邀在哈佛大学发表演讲——而当有人发现他的书实际上都是别人的作品时，他又总是表现得急躁易怒。

金曾经很注重衣着的整洁，对自己外貌的关注达到了挑剔的程度。为了刮去坚硬的胡须，他每天都要先敷上一种高级的脱毛膏，然后再用刀子小心翼翼地刮净。但没过多久，科丽塔和其他亲近金的人都注意到，他很奇怪地不大注重衣着了。西装皱了，衬衣的领口袖口脏了，他都漫不经心。另一个迹象是，对于人们把他称为美国黑人中甘地的继承者，他也越来越感到不安。他曾经冲口向科丽塔喊道：“我不想拥有任何财产，我不需要房子。”然而，在科丽塔的乞求下，他最终还是同意搬家了。这时他们已经有四个孩子了，他们从租赁的小房子搬进了一处宽敞得多的住宅；但是利维森回忆说，这座新房子“给他带来了巨大的烦恼”。他甚至曾经对科丽塔说“一个献身于事业的男人是不需要家庭的”，任何献出自己的生命以服务于全人类的人，都必须无视自己的家人至令人惊愕的程度。

科丽塔并不能完全心平气和地接受这样的话。两人之间激烈的小摩擦越来越多。当金忙得一塌糊涂，忘记打电话询问孩子们的情况时，或者当科丽塔得知——通常是从别人那里得知——金不打算带她出席一些重大活动比如访问白宫时，她都毫不掩饰自己的怨恨。作为一个雄心勃勃又感情丰沛的黑人妇女，当她最终决定放弃做一名音乐会独唱歌手，在某种更大的使命召唤下和他一起生活时，或者当他们被命运的旋涡从蒙哥马利舒适的生活中卷出，投入蓬勃开展的抵制运动时，她都没有指望生活会像他在波士顿热烈地追求她时所憧憬的那样展开。但是，陪伴金在全国各地奔波的助手们，这时开始听到科丽塔愤怒地从亚特兰大打来的电话，为金越来越长时间地不在家而同他争吵。

但是除了有一次巧妙地承认“精神病医生也许会说我丈夫是个有负疚感的人”外，科丽塔决心对传到她耳朵里的关于金的风流韵事的暗示保持无动于衷，她始终是一副无畏又洒脱的态度，“在我们之间很深层次的关系中，没有其他任何事情的位置”。实际上，在孟菲斯刺杀事件之前很久，她就已经习惯了像寡妇一样的孤独生活。即便如此，无论她对与金共同生活从一开始就受到的各种侵扰感到怎样的失望，当金有一次误了航班，并且又一次因为到处都遇到信仰迷失和形势不利而陷入情绪低潮，身心疲惫、精疲力竭时，从机场给她打电话，科丽塔仍然对他说：“我相信你，如果这对你来说还有意义。”这就是最终她所剩下的一切——相信他。

与此同时，在蒙哥马利之后那些令人心烦意乱的年代，在金不懈的打造下，他周围还是逐渐聚拢起一群可以信赖的得力助手，他们在日后的运动中将被称为金的“骑士”。当然，金的身旁早已有忠实尽责的阿伯纳西。

又矮又胖、总是哭丧着脸却诙谐幽默的他，就是金的桑丘·潘沙[①]，是金坚定不移的追随者。金回到亚特兰大不久，就把他也带了过来，专门为他找了个教堂做牧师。阿伯纳西对金的忠诚从来不难发现：他受教育的程度要低得多，他后来承认“一人独处是多么单调乏味，你多么需要别人，来给你的生活增添色彩，赋予意义”。但是阿伯纳西作为金最亲密的朋友，也有其独到之处。这个矮胖的、像插科打诨的小丑一样的人物，使得南方基督教领袖联合会的会议上从来不会有人打瞌睡，他不停地讽刺和激怒几乎所有人，当金认为该把他开除出会时，他却变本加厉。最终继金之后，是阿伯纳西担任了南方基督教领袖联合会的主席。似乎再没有人能像阿伯纳西那样，总是能使金舒适自如地接触到更简单、更朴实、更平常的生活滋味。只要阿伯纳西出现，金就总能重新振作起来。阿伯纳西在群众集会上，会以一个乡下面包的笑话做引子，介绍金上台讲话，与金高昂的声调，恰似形成了绝妙的和弦。“我总是很善于帮他调动起听众的情绪，”他后来深情地回忆道，“我总是很善于讲笑话，我很幽默，

---

① 小说《堂吉诃德》中主人公堂吉诃德的仆人。

你知道。”而和金一起进监狱次数最多的，也是阿伯纳西。他始终忠实地追随金的左右，直到孟菲斯汽车旅馆的阳台上金的最后一刻。

还有一位来自全国基督教协进会的年轻牧师安德鲁·扬，及时地来到了金的身边。他有阿伯纳西所不具备的一切优点——温文尔雅，目光敏锐，说话和气而又能言善辩。他是一位富有的牙医的儿子，在新奥尔良黑人社区的上流社会长大。他的建议适度而实际，金像对待利维森一样认真听取他的意见，以致人们广泛认为扬最有可能成为金的自然继承人。最终，金请来怀亚特·沃尔克（Wyatt T. Walker）担任南方基督教领袖联合会的执行理事。沃尔克是来自弗吉尼亚州彼得斯堡的一位风风火火、自信满满、专横独断的牧师。他曾愉快地自称是金的“狗娘养的”管家，并说：“马丁·路德·金是个伟人，一大例证是像我这样骄傲自大的人，都愿意给他做副手。”较晚加入金的团队的，还有来自伯明翰的一位同样性情专横的牧师弗雷德·沙特尔斯沃思（Fred Shuttlesworth），以及另一位浸信会牧师，大胆而自负的维维安（C. T. Vivian）。再后来加入的还有霍齐亚·威廉姆斯（Hosea Williams），一个身材魁梧、声音嘶哑、热情急躁的萨凡纳人，像个第三世界的丛林勇士，金的确喜欢称他为“我的野人、我的卡斯特罗”。

但是这其中最神秘、最热情也最足智多谋的，也许要算詹姆斯·贝弗尔（James Bevel）了。他出身于密西西比河三角洲，一张有些像蒙古人的黄褐色脸上，一双沥青般的黑眼睛忽闪忽闪的。他总是穿着一件皱巴巴的牛仔布连衣工装裤，剃得锃光发亮的头上扣着一顶犹太先知式的绣花无边便帽。当他和其他示威者一起坐牢时，他总是不知疲倦地给他们讲道，以此来打发时间。金在遇刺前的几年，有时会怀疑贝弗尔是不是疯了，他似乎总是脱离实际地胡思乱想，担心自己被自己超自然的才华电击而死。尽管如此，正如南方基督教领袖联合会的一位助手所回忆的，贝弗尔总是“以一种非常神秘的方式影响着马丁”。

在南方民权运动的后期，最终正是贝弗尔，将一位身材高大、体格健壮、热情似火的青年——杰西·杰克逊（Jesse Jackson）——引入了南方基督教领袖联合会。杰克逊生于南卡罗来纳州的格林维尔，当时还是芝加哥一个神学院的学生，但自有其令人无法小视的非凡气度。他作为金最年轻的助手，将继续领导南方基督教领袖联合会为数不多获得重大成功的项目“面包篮行动”（Operation Breadbasket）。这是一个通过让更多的黑人进入城市中心的企业，并一直做到管理层的经济一体化运动。已经崭露头角并显示出光辉前程的杰克逊，让金看待他时很矛盾，既对他的魅力欣赏有加，也对他的骄傲自负和急于求成心存担忧。

不过，金周围这些形形色色、特立独行的人物——扬、沃尔克、维维安、沙特尔斯沃思、威廉姆斯、贝弗尔，还有像伯纳德·李（Bernard Lee）和伯纳德·拉斐特（Bernard Lafayette）等其他人——形成了一个强劲的战斗群体。在一些同事看来，金“似乎把美国所有以自我为中心的人，都捏合到了一起”。他们在很大程度上也是一群淫荡下流之徒，有时甚至可谓肆无忌惮，比如即使有年轻姑娘在场，他们也会疯狂地纵酒喧闹——一位老民权活动家因此坦承，就此而言，运动总体上很难说是“一场苦着脸、假装虔诚”的冒险活动，“有时所有人都外出买春去了”。当他们在极其闷热的天气下又经历了一次广场冲突，回到破旧的旅馆房间后，浑身大汗淋漓，筋疲力尽，他们会聚在一起，脱得只剩下内裤，大口地喝着啤酒，相互戏谑地大骂，嘲笑各自的自负行为和瑕疵过失。他们在为金工作的过程中，也不断发生冲突争斗，时常威胁要辞职退出。他们多少形成了一种自负的大混战。“几乎每个人都自诩为怀有某种救世思想的先知，”安德鲁·扬曾回忆说，“但这正是成功之所在。马丁总是说，看，正常人是不会挑战现成的法律和规矩的，你必须成为有创造力的非正常人。我们需要兴风作浪的人。”不过平时，他们似乎都是故意在彼此之间兴风作浪。“没有人能够和睦相处。”扬回忆说——他本人就有一次因为怀疑霍齐亚·威廉姆斯是联邦调查局安插进来的汤姆叔叔[①]式的“卧底”而痛打了他。威廉姆斯后来承认，有时内部会议会沦为成员之间互掷椅子的混战。一名南方基督教领袖联合会的前友人也曾惊讶地说，有时候会议成员之间的激烈争吵，“大有要爬过桌子，撕开对方喉咙之势”。金以一种似乎超自然的耐心容忍着这些持续不断的、闹哄哄的殴斗。他深知“这些人全都有强烈的自我意识，全都有满腹的话要说”，用扬的话来说，每个人“都在一定的程度上，在潜意识里，希望自己是马

① 美国作家斯托夫人发表于1852年的小说《汤姆叔叔的小屋》(*Uncle Tom's Cabin*)中的主人公，是个笃信基督教的坚忍的黑人奴隶，但也有人指责他是恭从于白人的谄媚傻瓜。

丁·路德·金”。扬说，时不时地，他们都会认为“马丁·路德·金的步子实在太慢了”。金“太安静，态度太温和，说话太轻柔，逻辑性太强，什么事情都要条分缕析，几乎所有人都经常对他感到不耐烦。通常，傲慢的年轻人都会把谦逊误认为软弱”，扬继续说道，“所有的人都认为自己比他强，可以操纵他，可以利用他来达到自己的目的。他从不回击。简直像是他感到不得不任我们为所欲为似的，但不知怎么地，在这么多精神病人当中，他最终总能找到办法，将运动维系下去”。

## 二

然而就在金苦苦寻觅下一个像蒙哥马利事件那样的重大行动机会时，黑人的觉醒在南方各地已经是不可遏止的了，其发展势头超出了任何单一的民权组织的控制范围。便餐馆的学生静坐运动已经迅速地发展成为在数百个城市和小镇展开的反对公共场所种族隔离制的示威活动。监狱里关满了年轻的抗议者。在纳什维尔（Nashville），很早就是甘地信徒的吉姆·劳森（Jim

Lawson）领导的工作坊的大规模非暴力反抗运动，也在该城引发了被广为传说的学生静坐活动。

金很快就意识到应当从这些热血青年中，为其组织大量吸收年轻黑人干部。为适应这一形势，1960年，在北卡罗来纳州首府罗利（Raleigh）的萧尔大学（Shaw University）举行的南方基督教领袖联合会学生分部的会议上，产生了学生非暴力协调委员会（简称SNCC），以作为深入乡村的行动突击队。金的热心助手约翰·刘易斯（John Lewis），当时还是纳什维尔一名神学院学生，最终将担任其主席。刘易斯是个感觉有些迟钝，身材比较矮壮，心地极其善良的小伙子，出生于亚拉巴马州最偏远的农村地区，少年时代曾为克服严重的口吃毛病，对着他家农场里的小鸡练习演讲。

然而，尽管金对年轻人怀有殷切的期望，他的南方基督教领袖联合会和学生非暴力协调委员会中大部分血气方刚的激进青年们，从一开始就存在气质上的差别。青年中的许多人怀疑金过分谨慎，是中产阶级的软弱；他们也不大认同非暴力原则本身，认为那只是一时的权宜之计。很快，他们不可避免地切断了与南方基督教领袖联合会的一切正式关系。

两个组织之间风格和情感上的不和谐越来越严重，终于使它们的分裂在1961年的“自由乘车运动”（Freedom Rides）中公开化。“自由乘车运动”是结成小组的黑人青年和他们的白人同情者（该运动引发的一项并非偶然的革命，是一些生长于特权家庭的白人大学生，追随黑人青年们一起投入了行动）乘公共汽车深入南方腹地的行动，很快遭到了沿途白人暴徒的故意袭击——一辆公共汽车在亚拉巴马州的安尼斯顿（Anniston）城外被烧毁；在蒙哥马利，一群白人暴徒挥舞着铅管和棒球棒，在乘车者到达公共汽车站时狂殴了他们。一场群众集会在阿伯纳西的教堂举行，以声援“自由乘车运动”。金也乘飞机赶来，参加了集会。结果他们被数量庞大、不停地疯狂咆哮的一群白人暴徒包围在至圣所内，经受了一个漫长黑夜的砖头和石块的狂轰滥炸。金一度撤退至教堂的地下室中，打电话向司法部部长罗伯特·肯尼迪（Robert Kennedy）求援，说教堂很快就会被放火焚烧。肯尼迪明确地向他保证，联邦政府会关注这个问题。（但放下电话后沉思了片刻，肯尼迪便冷冷地说道：“他其实是在就当时他身边发生的情况责怪我呢。”）直到天亮，暴徒们才渐渐散去，教堂里的人得以离开，不过还必须依赖国民警卫队的保护。然而当学生们恳求金加入他们的“自由乘车运动”，继续前往密西西比州时——“你的身体在哪里？”——金窘迫地拒绝并解释，严格地讲，他此前在佐治亚州遭到了逮捕，这时还在缓刑中。这段可怕的经历让他愈加为在密西西比州坐牢的前景感到不安，最终使得他开始不假思索地信口开河，不顾一切地为自己辩解，其粗鲁笨拙震惊了学生们：“我认为我应当为自己的殉难选择时间和地点。”

第二天一早，当学生们开始登上前往密西西比州的公共汽车时，金也来了，站在车门旁，深情地向他们挥手道别，他的脸色因负疚和悔恨而变得通红。但他的表现总体而言，只是加深了这些年轻斗士们对他的幻灭感。曾在蒙哥马利公共汽车站经受了血腥毒打的约翰·刘易斯，回忆起这一幕时产生更多的是怜悯而不是怨恨：“他来到公共汽车站，送大家离开而自己拒绝前往，承受的可是巨大的埋怨。”实际上，那天早上乘公共汽车离开的很多人，以及继他们之后前往的更多的人，最终都被关进了密西西比州帕尔希曼监狱（Parchman Penitentiary）的地牢。金此后很久都沉浸在悔恨的自我折磨中。但他不愿陪同乘车者们去密西西比坐牢，一个很可能的原因是，他已经亲身体验过另一座类似的人间地狱了。

此前一年的秋天，亚特兰大的一些青年激进分子一再强求金参与他们的活动，并质问他，如果他本人都不肯冒与他们一同入狱的危险，他怎么还能继续做运动的领袖？金最终同意参加他们组织的静坐活动，地点在市中心一家百货商店中一个实行种族隔离制的便餐馆——结果他和另外三十五名示威者当即被逮捕，送进了县监狱。不过金显然是忘记了，他因为几个月前一次偶尔触犯交通法规，正处于缓刑阶段，现在因为静坐被捕便违犯了缓刑条款，他被迅速地判定要服四个月的强制劳役。凌晨三点半时，他在县监狱的牢房里被粗暴地叫醒，戴上手铐脚镣，被押出监外，塞进了警车的后座里。接着，在没有被告知目的地的情况下，他被连夜驱车两个小时，在破晓的晨曦初现时，被送进了佐治亚州里兹维尔监狱（Reidsville Penitentiary）那丑陋的哥特式建筑的院子里。他被单独关进一间牢房。他又重温了在蒙哥马利首次被捕时的那种恐惧，只是这次，在以残暴野蛮而臭名昭著的里兹维尔监狱，恐惧加剧了。他后来承认，他在牢房里哭过，但同时也为自己的软弱而深深地感到羞愧。

金被关进里兹维尔监狱，恰好处于1960年总统竞选最终的高潮阶段。这一年的大选是在副总统理查德·尼克松和参议员约翰·肯尼迪之间展开的。科丽塔于是发疯般地打电话给肯尼迪竞选团队的一名熟人哈里斯·沃福德（Harris Wofford），乞求他："他们会杀了他的，我知道他们恨不得杀了他……"沃福德设法向约翰·肯尼迪递了话，肯尼迪很快往亚特兰大打电话给科丽塔，向她保证他在牵挂着她丈夫，并告诉她如果她认为他能帮上什么忙，请尽管直说。当金被捕的消息传到罗伯特·肯尼迪耳中后，事情就更好办了，他当即直接给量刑法官打了电话，就金在被关押期间遭受的待遇发出了各种尖刻的抱怨。量刑法官是个默默无闻的县级法官，在这个仍属民主党地盘的州，他突然发现自己竟与总统竞选发生了纠葛，便当即决定，金可以保释出狱，毕竟他的案子还在上诉中。然而当金最终从里兹维尔的深牢大狱现身时，他却浑身战栗，一副有气无力的样子。一名此前从未见过他的南方白人记者深为震惊和感动，对此描写道："他显得很虚弱……倒不是软弱、天真，而像是受到了很大的伤害。"

金作为一名关注社会的福音传道者，有着很好的直觉，总是能避免让自己直接卷入政治事务——也就是说，避免将他所谓的精神景象（spiritual vision），转入“恺撒的权力机器”。正如在他生命的晚期，当有人提议由他来做和平的总统候选人时，他所解释的：“我认为我应当作为所有政党和全体人民的良心……在党派政治的领域之外发挥作用。”因此，在1960年尼克松和肯尼迪的总统角逐之初，金曾保证决不专门支持其中任何一位候选人。现在，尽管他是在肯尼迪兄弟的干预下，才得以从里兹维尔监狱获释的，在此后的日子里，他仍然坚称他不宜明确宣布支持任何竞选者。但他也不避讳表明：“我感谢肯尼迪参议员对我的被捕所表示的真诚关切。”然而当尼克松公开宣称他对金的事情不予置评后，金又强调说，民主党候选人[①]“展现了更高水平的道德勇气”。不过，金爸爸却没有那么委婉，尽管他本人一生都是个共和党员，却坚定而张扬地宣布，因为肯尼迪帮了他儿子，这回他要把票投给肯尼迪——“我要把我能够征集来的所有选票，全都装进一个手提箱里。我要拎着这只手提箱去他那儿，把

① 指约翰·肯尼迪。

所有的选票都倒进他的口袋”——即使肯尼迪是个天主教徒。（这事后来导致肯尼迪对沃福德嘲讽道：“想象一下马丁·路德·金竟然有这么偏执的一位父亲。”随后微笑了一下：“唉，我们都有父亲，不是吗？”）

然而，尽管没有来自金方面的明确支持，这也足以使肯尼迪的竞选团队在选举日之前的那个星期天，向全国各地的黑人教堂散发暴风雪般的传单，上面写着“‘不予置评’的尼克松对决有爱心的候选人——肯尼迪参议员”。这绝非无足轻重，肯尼迪后来赢得的只是毫厘之间的险胜，假如某些州，比如得克萨斯州和伊利诺伊州，选情稍有逆转，整个选举结果就可能颠倒了。而非裔美国人的选票，让选举结果从1956年共和党“3－2”的险胜变成了1960年民主党“7－3”的大胜。艾森豪威尔本人后来就发牢骚说，选举结果是由肯尼迪兄弟为金“打的那几个电话”决定的。

最终，整个事件，从肯尼迪打那些电话，到影响了美国总统选举结果，都非同寻常地肯定了金作为引领美国黑人公民意识觉醒的伟大的象征性人物这一独特地位，尽管他自蒙哥马利事件后其实无所作为。然而，不知为什么，他只要出场，便会呈现出超凡的魅力，他那庄严的气质和以赛亚式的雄辩，就能够超越所有传统的估量或分析，触动人们的灵魂。有一次，他参加了密西西比州一个人口稀少的小镇举行的选民登记集会，一位黑人老者说，自己步行十三英里来到这里，就是为了亲眼看上他一眼。

尽管是在肯尼迪兄弟的干预下，金才得以从里兹维尔监狱获释，但肯尼迪兄弟在执政的大部分时间，始终没有真正理解金的全部意义。相反，他们的关系变成了古老的先知与王室之间的关系，在很大程度上是相互疏远的关系。总统和他弟弟上台之初，对于政治上的调整极其谨慎，尤其是考虑到他们在选举中只是险胜，执政基础尚且薄弱。他们不会不知道，金是威胁南方现有政治秩序的最凶猛的妖魔。而且，无论金在蒙哥马利运动中发挥的使徒式作用是多么出色，他似乎仍然是个太过专业、影响范围有限的人物，只不过是一名年轻的南方黑人牧师，还在为如何延续四年前的轰动，获取更高的全国性政治地位而上蹿下跳。因此，在选举结束后，金既未像罗伊·威尔金斯等更为普通的黑人领袖们那样受到总统的亲自接见，甚至最终也没能出席肯尼迪的就职典礼。此后不久，在司法部部长罗伯特·肯尼迪办公室举行的民权运动杰出人士大型聚会，金也没有受到邀请。

出于同样的谨慎的政治考虑，新总统认为，国会和国民的普遍情绪在相当长一段时间内是不可能热衷于任何实质性的民权立法的。金的言论虽然沦为官方忽视的边缘地带的寂寞之声，他却仍然发出警告，说肯尼迪背叛了对全国黑人社会的诺言，包括发布行政命令在所有联邦政府资助的房产中取消种族隔离制的承诺，而正是这个承诺使肯尼迪在选举中获得了险胜。最终，在大选结束九个月后，金在白宫得到了总统的亲自接见。他没能消除肯尼迪对他的误解，因为他始终坚持劝说肯尼迪：希望肯尼迪发布“第二个解放宣言”，像一百年前林肯废除奴隶制一样，以一道总统令，废除全国所有的种族隔离制——这个建议，肯尼迪至多只能以礼貌的沉思来回应。实际上，金个人给肯尼迪兄弟俩都留下了深刻的怪人的印象：他出乎意料地温和恭敬，语调中带有某种教士的庄重，但最终是高深莫测的，他或许是个带有某种圣洁的天真的人。

这将是他们本性之间长久的裂隙。金向这时已效力于罗伯特·肯尼迪的司法部的哈里斯·沃福德吐露，总统“是个聪明人，也有政治手腕，但迄今为止，缺乏道德热情”。然而“道德热情”恰恰是肯尼迪兄弟明显反感的——这是金那种传教士的理想主义的天真，有潜在的灾难性。相对于他们活泼、严整、喜欢反讽的风格，金太认真、太“热”了——他和肯尼迪兄弟的情感实在不合拍。即使在伯明翰的斗争进行得如火如荼时，金的真正意义仍然没能进入肯尼迪兄弟的法眼。

就此而言，不仅是金，而且运动本身混乱的扩张，似乎都是一种很大程度上令肯尼迪兄弟无法理解的力量。在一次与黑人报纸编辑代表团的非正式会谈时，肯尼迪总统一厢情愿地表示，他看不出美国的黑人和白人之间有任何真正的分隔。肯尼迪兄弟以他们对制度的正常运行机制的建设，的确是减弱了将选民登记作为一种可以接受的有序的民权努力的热情。罗伯特·肯尼迪掌管的司法部，还悄悄促成了一些私有机构资助的选民登记项目。这个项目叫作“选民教育计划”，由当时的主要民权组织联合运作。在肯尼迪兄弟的头脑中，选民登记是适当的政策回应，所有其他福惠都会有条不紊地从中流出。但是除此之外，无论是总统还是他弟弟，都不大能理解，像平等地使用洗澡设备、可以随意地进入任何电影院并随意决定坐在哪里、可决定由谁为自己理发这些（在他们看来）俗不可耐的事情，竟然会是这样重要。“自由乘车运动”频频引发骚乱，当金从蒙哥马利被围困的教堂的地下室打来电话时，罗伯特·肯尼迪在这通火药味十足的电话中，敦促金将煽风点火的、挑战长途汽车上的种族隔离制的斗争“先冷却一段时间”，金反驳说“我们的良知告诉我们，这条法律是错误的，我们必须反抗”。罗伯特·肯尼迪将此视为金发出的威胁，认为金打算让已经入狱的抗议者拒绝保释，以此来延长这场危机，于是厉声说道：“他们坚持待在监狱里，对我不会有丝毫的影响。”金被这样的回答激怒了，指出有成千上万的学生即将加入“自由乘车运动”。肯尼迪回击道：“不要说这种像是威胁的话。对我们来说，这样不解决问题。”事后，罗伯特·肯尼迪在解释他含糊的应对措施时，曾和他的一位助手讨论过参加“自由乘车运动”的人数突然激增这一现象：“你知道他们中有一个人能抵得上一颗原子弹吗？”后来他又抱怨所有这些“都给美国的敌人提供了很好的宣传材料”。

不过，形势很快就迫使肯尼迪不得不向州际商务委员会提出要求，在州际旅行的所有设施上，无论是长途汽车、火车还是飞机，全面废除种族隔离制。实际上，尽管肯尼迪兄弟依然没有充分认识金，但他们将逐渐对金和他领导的运动留下深刻印象，无论怎样勉强和迟疑，事实将证明这也是他们自己良心的朝圣之旅。

然而，不妙的是，金这时引起了长期担任联邦调查局宗教法庭大法官的埃德加·胡佛那双警觉的冷眼的关注——这在很大程度上是金与斯坦利·利维森走得太近的结果。利维森自 40 年代起便为共产党提供财务支持，联邦调查局认为他本人就是一名共产党员。实际上，当金在蒙哥马利抵制运动中一举成名后，他就已经触发了胡佛的警觉。惯于以柯立芝（Coolidge）[①] 时代普遍存在的偏见看待黑人的胡佛，将金视为能引起全国性种族骚乱的危险人物。1959 年，当金在华盛顿一个由菲利普·伦道夫组织的青年民权集会演讲后，胡佛瞟见联邦调查局的报告上提到伦道夫对利维森的资助表示感谢。利维森与金的这些联系使胡佛怀疑，金有可能在共产党操纵下

---

① 柯立芝（1872—1933），美国第三十任总统，共和党籍。政治上主张小政府，以古典自由派保守主义闻名。

活动，或者不知情，或者是有意的。继而，在肯尼迪就职后，胡佛又注意到，金在一篇杂志文章中信笔写道："如果联邦调查局是不抱种族偏见的，那么许多触犯了联邦法律的人，现在都应该关在监狱里，然而他们却依然逍遥法外。"在胡佛心目中，他的联邦调查局神圣不可侵犯，即使是像金这样的人如此随口的抱怨，也是大逆不道、不可容忍的。

尽管金对此仍然一无所知，他和胡佛之间旷日持久的暗战实际上已经开始了。不过这场较量主要是在公众的视线之外展开的，这是一场反映——实际上更多的是体现——美国特性的两个极端的人物之间的根本冲突。这两个极端，一个是从普利茅斯有行为洁癖的刻板社会传续下来的，以廉洁、克制、正直为道德规范，另一个是从开拓时代传续下来的不安于权威和传统，甘冒风险探索更远更狂野的道德开阔地的桀骜不驯的进取精神，两者显然是极其不和谐的。自 1924 年担任联邦调查局局长执掌大权以来，胡佛始终没有明显地改变他眼里这个国家应有的特性——庄重、冷静、守秩序，并有适当的种族隔离，就像他手下的联邦调查局一样——从那时起，他便一直倾他所创造的这个机构的全力，来维护那种秩序，捍卫他所怀恋的朴实的旧美国，反对外来污染和相异的文化颠覆。到了50年代，这个身材矮胖、行动迟缓、性情严厉，长着一张花椰菜般苍白、呆板、生硬面孔的小牛犊般的男人，在很多美国人眼里，却成了代表法律和正气的图腾式人物。在这一过程中，他不断地巩固联邦调查局，使之成为也许是华盛顿有史以来最大的掌握在私人手中的公权力，他的情报档案令很多政府要员都心怀恐惧。

他的父亲是个失败的官僚，死于医生诊断的“忧郁症”。此后胡佛一直与母亲一起生活，直到他四十三岁那年，母亲也去世了。他从未跨出过美国国境一步，每年休假时都要住在同一座宾馆的同一间客房里，要求手下的特工确保在他到达之前，房间就达到精确的室温。在华盛顿，每天吃早餐时，如果端到他面前的煮鸡蛋与以往稍有不同，他都会立刻要求送回厨房另煮一份——有时候，他只尝了一口，就会把鸡蛋扔到地板上，让他的狗吃。他从未结婚。长期陪伴他的是副局长克莱德·托尔森（Clyde Tolson），他们每天都一起共进午餐和晚餐，这便给后来人们纷纷猜测胡佛可能是个自我压抑的同性恋者，提供了很好的理由，但更大的可能性似乎是，他天然地强烈厌恶一切偏离规范的行为，他实际上是个无性欲的人：一个中性人。

鉴于所有这些原因，金的一些事情从一开始就招致胡佛几乎是本能的厌恶，就不足为奇了。发现金与斯坦利·利维森关系密切后，胡佛迅速地告知罗伯特·肯尼迪，金最亲密的顾问很可能是一个在幕后操纵他的共产党人。尽管肯尼迪兄弟本身对胡佛既怀戒心也有厌恶，但是对金在美国黑人中的特殊作用也并非无所顾忌，听到联邦调查局局长的报告后，他们深感不安。他们同意胡佛对利维森实行电子监视，但也决定，在不让金知道这种监视的情况下，私下里含蓄地警告金，情报人员对利维森有所担心，并建议金立刻中止这种高度危险的关系。他们还对南方基督教领袖联合会聘用一名更可疑的人物杰克·奥戴尔（Jack O'Dell）提出了指责。联邦调查局坚称，这个被贝亚德·拉斯廷和利维森安插在南方基督教领袖联合会纽约分部掌管募捐信件的年轻黑人，还是一名活跃的共产主义分子。

在这样紧张恐怖的气氛下，传来了如此可怕的消息，给金造成了不小的恐慌。但在利维森和奥戴尔都保证他们与共产党已无任何瓜葛后，金拒绝了来自司法部的警告，令肯尼迪兄弟大为惊愕。金坚称，在没有更多证据支持这种凭空猜测的臆断之前，他无法令人信服地抛弃两人中的任何一位，无论他们以往的政治倾向如何，他们目前都在忠实地献身于运动——尤其是利维森，他是如此勇敢无畏的一位朋友。然而金的抵触只是让肯尼迪兄弟更加确信他是个假装圣洁的伪君子，很可能因其天真幼稚而引发灾祸。金在需要果断裁人的紧要关头，一向表现得迟疑不决，金的这一特点是出了名的，这件事在很大程度上或许也要归咎于此。他固执地不肯与利维森切割关系，后来成为不断给他招惹麻烦的隐患，使人们质疑金的能力，质疑他本人的社会主义政治情感，怀疑他甚至欣赏利维森与共产党人的这种危险的牵连。然而对金来说，这实质上是人和人之间忠诚度的问题。

与此同时，密西西比大学录取詹姆斯·梅雷迪斯（James Meredith）所引发的危机，还有因亚拉巴马州大学录取两名黑人学生之事与顽固不化的州长乔治·华莱士（George Wallace）的对抗，已使肯尼迪政府焦头烂额，而骚乱的蔓延终于促使金在伯明翰发动了攻势。民权斗争的不断升级，最终迫使肯尼迪政府向民权运动组织做出承诺，将向国会提交一项在公共设施取消种族隔离的法案。肯尼迪总统亲自邀请金到白宫的玫瑰花园进行了一次私密的散步。肯尼迪将手搭在金的肩膀上，几乎没有寒暄便开门见山地低声说道："我猜想你已经知道你正处于密切的监视下。"接着他神色严峻地警告，金必须与利维森和奥戴尔断绝关系："他们都是共产党分子。你一定要摆脱他们。"肯尼迪在揭示了继续与他们交往的风险后，警告说，金目前的行为不仅严重地危害了他本人的领导地位，而且势将危害整个运动，"如果他们搭倒了你，他们也会搭倒我们的"。金同意不为奥戴尔辩护，但他仍对利维森的情况提出了异议："我了解斯坦利，我不相信这事。"金明确表示，除非让他看到证明利维森是共产党特工的确凿证据，否则单凭这样的猜测，尤其还是出自胡佛这样的消息来源，他不能抛弃利维森。

联邦调查局对利维森的进一步调查，发现他又协助金出了另一本书，胡佛开始向司法部部长施压，鉴于金拒绝与这名确定无疑的共产党特工断绝来往，将金本人也纳入监听范围已成为国家安全的要务。罗伯特·肯尼迪虽然对这种稀奇古怪的流言达到如此程度深感不安，但他也深知胡佛提出这样的要求，背后还有更可怕的威胁。

自从胡佛最初投富兰克林·罗斯福个人所好，向他提交关于政治人物的机密调查报告以来，胡佛提供的服务便一直对华盛顿的掌权者形成了特殊的诱惑——这是一种非正式的共生关系，在很大程度上胡佛也是由他的服务对象所创造的。但是在为自己打造的这个巨大的权势地库内，胡佛也有所准备，除非借上帝之手，任何人都不可能扳倒他。几十年来，他也为华盛顿的大人物们，从国会议员到各位总统，汇编了第二套更为秘密的档案，为确保他自己的生存积攒了充足的资本。胡佛没有忘记通知肯尼迪入主的白宫，那些档案中包括杰克·肯尼迪[①]与朱迪丝·坎贝尔（Judith Campbell）私通的情报。朱迪丝是芝加哥暴民首领萨姆·詹卡纳（Sam Giancana）的情妇，詹卡纳曾与中央情报局合作策划过一起黑手党暗杀古巴领导人菲德尔·卡斯特罗的行动，如果与这一政治灾难发生牵连，对约翰·肯尼迪的政治前途将是致命的打击——然而胡佛手中还有更严重的涉及国家安全的把柄，肯尼迪还与一名来自东德的女人有染，而这个女人

---

① 杰克即约翰的昵称。

有着重大的间谍嫌疑。罗伯特·肯尼迪知道，胡佛已经设法将利维森和奥戴尔的事情有选择地透露给了新闻界，假如关于总统私情的情报以类似的方式泄露，哪怕是仅仅告知某位议员，那么结果都将是毁灭性的，而胡佛也深知罗伯特·肯尼迪明白这一点。于是在胡佛就窃听金的问题一再施压下，罗伯特·肯尼迪最终同意了。他后来对一名助手承认，假如他不同意，那就意味着“与联邦调查局不共戴天”。

结果，就在联邦调查局将电子监听扩大到金身上之前不久，金在与一位已被监听的朋友聊天时，忘乎所以地纵情评述了一些胡佛所未曾想到的淫荡之事。这一意外发现使胡佛确信，他已经抓住了金致命的把柄——胡佛在其漫长的职业生涯中，一向对人生和人性的复杂有深刻的理解，他认为自己得到了鲜活的证据，证明金绝非在公众面前所表现出的那种高尚的社会先知的形象，而不过是一只好色的“雄猫”，正如他后来在一份备忘录中潦草地写到的，金“有着难以自拔的、堕落的性冲动”。自那时起，尽管金仍不完全知情，胡佛便与金杠上了，就像沙威警长追踪冉·阿让一样一心一意、不屈不挠。

## 三

然而在此之前几个月，1961年的冬天，越来越感到精神沮丧的金，仍然在踉踉跄跄地寻找蒙哥马利事件之后的某个机会。按照“选民教育计划”，公民学校正在培训选民登记工作人员，南方基督教领袖联合会发动的新一轮遍及南方的选民登记运动也取得了广泛共识和激励。然而金本人作为运动领袖的角色，却在迅速地从人们的记忆中消逝。当他终于认为自己看到了又一个像蒙哥马利事件一样具有决定性的重大战机时，很大程度上让他张开了眼睛的，其实是学生非暴力协调委员会（SNCC）的游击队激进分子们。

一连好几个月，学生非暴力协调委员会的实地工作者们都在默默地努力，为同佐治亚州奥尔巴尼市（Albany）白人当局展开一场大战准备群众基础。奥尔巴尼是该州西南部布满棉花田和花生田的烈日暴晒的平原上一座死气沉沉的小城。该市黑人社区长久积聚的不满，在学生非暴力协调委员会的帮助下，终于促成了一个叫作奥尔巴尼运动的组织的诞生。然而在早期的示威—逮捕的过程中，群众不断激增的要求也许达到了过分的程度——他们提出在奥尔巴尼的汽车站、火车站、图书馆、公园和医疗机构，全部取消种族隔离制度，禁止警察粗暴地对待黑人，准许黑人参加陪审团等等。单是要求之多，就为种族隔离分子们所谓南方黑人的命运掌握在极权主义者手中的论调，构成了要命的证据。

但是奥尔巴尼运动遇到了当地官员们像蒙哥马利市一样顽固的抵抗。不断在该市市长、市政委员会委员长和警察局长之间变换角色的劳里·普里切特（Laurie Pritchett），在主持玩弄着诡计。普里切特当时的身份是警察局长，尽管他那肥硕的体形和经常叼着烟卷的形象，十足构成了一幅南方白人执法者的讽刺漫画像，他却总是装出一副和蔼可亲、憨态可掬的模样。表面装傻充愣，实则狡猾万端。一名当地官员曾以欣赏的口吻描述说，普里切特决心以“软刀子杀人”的办法来对付示威者。

这样的开局使得奥尔巴尼运动此后一直左支右绌，最终其领导人之一给亚特兰大打了电话，请求金和南方基督教领袖联合会前来支援——正中金等人下怀，当即答应下来。然而金实在太想找到又一个像蒙哥马利那样的关键一击，对于他将投入的危机的内在复杂性，只有极模糊的了解。

运动中年轻的不安分者们对金主教般的作风颇有微词，这种不满已开始蔓延，学生非暴力协调委员会派往奥尔巴尼的分遣队并不真心欢迎南方基督教领袖联合会的介入。与此同时，黑人社区的很多人，对于同该市白人权力系统全面开战也仍然心存忧虑。雪上加霜的是，经过此前的一系列示威活动，在仍有三百余名示威者尚在狱中的情况下，可用于保释金的钱却几乎花光了。更有甚者，罗伯特·肯尼迪在经历了前一年夏天“自由乘车运动”的烦恼后，对于奥尔巴尼发生的新骚乱果断采取了“不干涉”的姿态，甚至公开宣布，对于种族冲突的任何实质性的解决，都只能来自“当地领导人谈判的结果”。

总而言之，金是全力以赴地投入了一种早已埋下隐患的局势。

不过，金到达奥尔巴尼时，却受到了一场群众集会的欢迎，会上有雷鸣般的欢呼声和掌声，奥尔巴尼运动还组织了大量大合唱，歌曲均选自古老的复兴布道会的“阿门”赞美歌，“自——由……自——由……自——由……”

无论如何，实际上正是在奥尔巴尼运动期间，民权组织的歌曲以最高亢的音调传唱开来——如歌唱自由的《任何人都不能让我回头》《紧盯目标》《我们不可撼动》《你站在哪一边？》等，当然，最终少不了原本是某黑人小教堂圣歌，后来被20世纪40年代的工人运动采用的《我们必胜》（*We Shall Overcome*）。经常是在一街之隔的两座教堂同时举行着两场群众集会，两股人来回高唱着同样的自由圣歌，直到两座教堂都像挣脱了地球引力的方舟一样拔地而起，飘向永恒的宁静夜空，飘向亚伯拉罕、摩西和先知们，还有耶稣本人所在的地方……金会在这时登上讲台，用他那洪钟般的声音慷慨激昂地演讲道："我们忍受不公，还会有多久？不会太久了，因为宇宙的道德之弧正在弯向正义。有多久？不会太久了！因为——"他的声音随即会被又一阵爆炸般的欢呼声、鼓掌声和跺脚声所淹没。他很难不相信，在经历了四年漫长而迷茫的停滞后，蒙哥马利奇迹真的神奇般地再现了。

示威活动在奥尔巴尼的便餐馆、汽车站快餐厅和城市公园里又持续了几个星期。在冬天刺骨的寒气中进行的从商业区到市政厅的群众游行，这时已沦为人们见惯不怪的例行公事般的场景。游行者将在市政厅遇到普里切特局长的部下，然后被成群地逮捕。不过普里切特在采取此类行动时，始终保持着和善的克制，实际上掐灭了他们展现道德力量的可能性。与此同时，他又骗过了众多随金蜂拥而至的全国各地的记者。他宣称自己研读过金的非暴力斗争哲学，决心在奥尔巴尼以非暴力的执法予以应对，只在反对种族隔离的群众抗议活动对公共秩序构成威胁时才予以制止——当然，这意味着所有群众抗议活动都会对公共秩序构成威胁。后来，当一位受人尊敬的黑人太太到邻县监狱探视她仆人的女儿时，尽管她已怀有六个月的身孕，却遭到了警长及其助手的毒打。一场暴乱在奥尔巴尼的黑人社区随之而起，瓶子和石块在空中乱飞，普里切特声嘶力竭地向记者们喊道："你们看见他们非暴力的石块了吗？"——记者们乐于看笑话，却忘记了暴乱最初是因何而起。一些白人记者甚至感到普里切特出人意料地有魅力，实际上，他们与他沆瀣一气，互通起情报来。他们将采访运动领袖的录音放给他听。

在这种不挑衅但却不断逮捕抗议者的策略下，被捕者的数量早已超出奥尔巴尼监狱的容量，超出的人被送往周围各县的监狱关押，继而，谷仓、畜栏、用围栏围起的牧场，都被用来监禁被捕者了。金本人在到达奥尔巴尼后不久，就在一次示威活动中理所当然地被捕了。他和阿伯纳西一起，被送往邻近的阿梅里克斯(Americus)关押。那里的警长弗雷德·查普尔(Fred Chappell)是个异常粗暴的家伙，眼睛总是瞪得像电灯泡一样，金后来曾说他是“世界上最卑劣的人”。但是金宣布拒绝保释，将一直待在监狱里，直到奥尔巴尼的黑人市民就他们的抱怨与当局达成某种协议。在他缺席的情况下，留下谈判的黑人领袖们的确设法同市政当局达成了一项试探性的、最低限度共识的协议：首先，释放被监禁候审的抗议者，其次，如果三十天内不再发生示威活动，则成立一个由黑人和白人共同组成的委员会，考虑改革问题——不过，没有任何措施来保证这样的磋商会举行。

这一含糊不清的协议造成了金的奥尔巴尼运动的第一次重大短路。不过考虑到金处于被监禁的境地，这似乎是个很好的喘息之机。他得以摆脱了在南方坐牢留下的心灵创伤，尤其这回还是在查普尔警长特别野蛮的看管下。他多少有些出人意料地接受了保释，解释说：“我不想妨碍任何有意义的谈判。”随着示威活动有条件地中止，金回到了亚特兰大，等待谈判的继续进行——然而该市的官员们很快就否认了所有已达成的谅解。

金就这样被人手段巧妙地耍弄了，全国媒体纷纷报道说他“颜面尽失”“大败而归”。金本人后来也承认：“很抱歉我接受了保释。我当时并不了解外面的情况。我们还以为取得了胜利。等我们出来后，才发现一切都是骗局。”不过在接下去的几个月，奥尔巴尼运动仍然发动了一些零星的静坐活动，又有人被逮捕。时间不知不觉地进入了佐治亚西南部酷热的夏季，金终于又回到奥尔巴尼，为他冬季被捕时受到的指控接受审判。他很快就被判决有罪，或者缴纳罚金，或者在该市监狱中服刑四十五天。金仍然为当初仓促离开阿梅里克斯监狱而感到耻辱，便选择了入狱，希望能挣回些面子，同时重振正日益衰落的奥尔巴尼运动。然而狡猾的普里切特感觉到金的入狱仍会惹出麻烦，没过几天便把他释放了，声称某个匿名的黑人慈善家替他缴纳了罚金。

金显然是又被戏弄了一回。痛心疾首的金在当晚的一次群众集会上发誓，他将留在奥尔巴尼，直到该市答应运动的要求。在随后举行的与金和当地黑人领袖的一次会谈中，普里切特局长出人意料地表示同意他们的要求。但没过多久，该市的一些官员便否认做出了那些让步，普里切特也公开宣称“没有就任何事情达成任何协议”。除此之外，该市市长和市政官员还到邻近的哥伦布市（Columbus）一位联邦地方法官的家中拜访。这位法官是众所周知的支持种族隔离者。他们从法官那里争取到一项禁令，禁止再在奥尔巴尼举行任何示威活动——这将熄灭运动在那里的最后希望。

金这时陷入的困境，三年之后他在塞尔玛还将面对，那就是，如果在奥尔巴尼困兽犹斗，他挑战的就是联邦权威了，而地方政权被根深蒂固的种族隔离者把持，当民权运动同地方政权斗争时，联邦权威正是可依赖的唯一的希望所在。然而他在挑战禁令时如果稍有犹豫，又会为已在学生非暴力协调委员会青年先驱者中蔓延的对金的不满提供新的口实。这些青年先驱者有一部分就在奥尔巴尼，和周围各县遭受过燃烧弹袭击的黑人教堂一起，都已经接受了弗朗茨·法农（Franz Fanon）[1] 的激进思想。他们并不惮于想象也在佐治亚西南部变相发动一场“阿尔及尔之战”。一个星期天的晚上，一场火药味十

① 弗朗茨·法农（1925—1961），在加勒比海马提尼克岛出生的法国作家、心理分析学家和革命家，是20世纪研究非殖民化和殖民主义的精神病理学较有影响的思想家之一，作品启发了不少反帝国主义解放运动。

足的会议在一位当地黑人领袖家的后院举行，他们因为金不愿挑战法庭禁令而猛烈抨击他，指责他死抱着《圣经》上的说教和小资产阶级的软弱，已经堕落为落后于南方黑人斗争形势的不合时宜的人物。他们说他太过计较自己在全国的名声，已经丧失了组织自发性“群众运动”所必需的精神。如泰勒·布兰奇所记载的，这样的狂轰滥炸一直持续到只剩下蟋蟀鸣叫的深夜，直到一位相对更同情金的学生非暴力协调委员会成员对他恳求道：“我们目前所处的形势是，哪怕是肯尼迪兄弟也必须由你来领导，就像运动一样。所以让我们一起入狱吧，兄弟。我要进监狱。我们一起进监狱……就连你也需要再大胆一些。”

实际上，尽管过去五年来有种种失败、负疚和自我怀疑，金仍然是在基于远大眼界行事的。单凭对宏大使命的一种先知般的直觉，他最终能形成一种神秘的感觉和理解力，不仅能理解肯尼迪兄弟的恼怒，也能理解那天晚上他所听到的，完全是因为偏见和误解而产生的愤慨。金本人也许还没有完全想清楚。但是一种他感觉到的宏大的目标和计划，仍然迫使他包容身边如此巨大的愤怒。这回他没有像被要求参加“自由乘车运动”时那样笨拙而被动。面对彻夜连珠炮般的苛责，在一些旁观者看来，他简直是令人心碎地一直在道歉、辩护、安抚，承认运动中那些急躁冒进的青年好战者们是“经常推动着我们前进、具有创造性的反抗者”。这样的认可后来日益被证明，不足以安抚黑人中业已积聚并倾向于催生公开反抗的怨气。这种怨气在金的最后岁月中一直困扰着他。但是至少在奥尔巴尼那个深夜后院会议的最后，学生非暴力协调委员会的很多成员出人意料地被金忍辱负重的谦逊和诚挚打动了。

在接下来的星期五，金和一些人一起跪在奥尔巴尼的市政厅前，仿佛在经历了五天前那个夜晚的责难后，要以某种苦行来赎罪。他又一次被捕。然而，就连他第三次入狱这一事件，实际上都不足以重振已经令人厌倦和失望的奥尔巴尼运动。金被判处缓刑，又被释放——但是他只能陷入运动实际上已山穷水尽所带来的令人沮丧的空虚。

唯一可靠的最后救援总是来自司法部的某种干涉。不过，正在华盛顿会见由其他民权领袖组成的一个代表团的罗伯特·肯尼迪对他们说，几乎可以肯定，只有让惹是生非的金离开奥尔巴尼，该市的政府才会与那里的黑人领袖们谈判。对此，该市当局迅速回应，他们愿意与任何当地

“负责、守法的”黑人谈判——正如他们很快澄清的，这当然不包括任何在示威活动中被捕的人，因此意味着排除几乎所有参加了奥尔巴尼运动的人。然而，对于肯尼迪有所指的建议，以及市政当局公开的回应，这时已迫不及待想以最体面的方式从奥尔巴尼脱身的金，不顾他曾经收到过类似的建议，又一次声称：“如果我妨碍了任何能在充分信任的情况下展开的谈判……那么我会愉快地离开。”金这样多少算是正式地宣布了他的离开，之后，市政委员会通知当地运动的领导人，无法对他们的抱怨进行任何考虑，除非他们起诉，得到法庭的裁决。于是，大约八个月前邀请金来奥尔巴尼的同一群黑人领袖，正式宣告结束示威活动，并不再寄希望于与现任市政当局进行任何谈判，他们将转为致力于选民登记运动，以取代现任市政当局。

金在奥尔巴尼的冒险事业便这样灰飞烟灭了。

媒体界此后的评论都是尖刻的批评，纷纷指出尽管金在奥尔巴尼进行了长期的努力，却“没有哪怕一座种族隔离的藩篱”被推倒，该市的“种族隔离与以往别无二致”。不仅如此，该市的图书馆和城市公园还都关闭了，仅仅是为了避免黑人寻求进入。不过也有人勇敢地指出了另一种形式的胜利：自奥尔巴尼举行示威活动以来，登记为选民的黑人数量翻了一倍还要多，而且虽不明显但也许更重要的是，仅仅因为经历了抗议和对抗活动，奥尔巴尼的黑人社区产生了一种前所未有的自豪和无畏感——奥尔巴尼运动已经重塑了那里黑人市民的精神状态。

随着时间的推移，这的确被证明是奥尔巴尼运动给南方各地黑人带来的，超越了立法改革和全面改革的精神礼物。但是在奥尔巴尼，金后来坦率地承认："我没有做到我想做到的事情。"他已成为某种符号，并迷恋这种符号，也醉心于保持它的活力，因此卷入了一场超越他的直接动机和方向的冲突。然而金认识到，任由自己卷入这种很大程度上被预设的、孤立而复杂的形势，是他绝不能再犯的错误。自此以后，他必须小心翼翼地选择他所承担的任何重大责任，并为之培养形势和环境。

不过，金在奥尔巴尼的惨败，加剧了学生非暴力协调委员会中言辞激烈的青年好战者对他的鄙视。这个组织的中坚分子这时已普遍被称为"切客"（Snick），金领导的南方基督教领袖联合会则被称为"滑客"（Slick）。在奥尔巴尼，这时已开始能听到日后经常萦绕着金的"De Lawd（上帝）！ De Lawd！”的嘲讽声，就仿佛他是从《青青的牧场》（*The Green Pastures*）跑出来的某个卡通演员似的。当时还是学生非暴力协调委员会成员的瘦小而孩子气的朱利安·邦德（Julian Bond），曾尖刻地挖苦过金，说他是“一个头脑极其简单的人”，还在莫名其妙地“兜售会有人降临你的城市拯救你的思想”，然而“（他）自离开蒙哥马利后一直在失败。当学生们乞求他参加‘自由乘车运动’遭到他拒绝时，他失败了……他一直在打败仗，已有好长时间了。我想最终会有越来越多的美国黑人和白人对他幻想破灭，发现他终究只不过是又一个能说会道的传教士”。

事实上，金一向是失败多于胜利的。但尽管他自蒙哥马利事件后一路失败，包括此番在奥尔巴尼又遭新败，他的形象似乎还是在不断增长，并且越发引人注目——就仿佛失败只能让他的形象更高大似的——在那个令人压抑的种族隔离时代，在广大美国黑人的心目中，他仍然是唯一能够带领大家抗议、给大家带来希望和鼓励的幸运人物，无论他能否成事。即便如此，奥尔巴尼之败对金来说最令他警醒的含义是，这是一个危险的先例。那些高潮迭起的冲突，本可以生动地向全国其他地方展示种族隔离制度本质的野蛮性，然而却被普里切特的狡猾化解了，以致全国范围内的更大多数人，当然也包括肯尼迪政府，都没有被激发起来进行干涉。这样的对抗就变成了真空里的风暴。于是，奥尔巴尼之败所展示的是，如果继续这样下去，几乎可以肯定，金还将一直失败。

《时代》周刊做出了这样的结论：过去五年，金疯狂的努力已经“耗尽了令他出名的他那迷人的激情”。即使此话并不尽然，在经历了这个时期激情四射却最终一无所获的雄辩带来的长久折磨之后，金还是发现群众集会既激动人心但也力量有限，两者都在奥尔巴尼达到了极致。不过，意义更为重大的是，他也认识到，在胜负难料的战斗中，要唤起更多白人的良心，效果也是有限的。总之，蒙哥马利的浪漫终于在奥尔巴尼结束。金认识到实际上不可能再像蒙哥马利那样了。然而，困境在于，他更迫切地需要一场真正的重大胜利，来维系蒙哥马利赋予他的使命。

这时金又听到了呼唤，这呼唤承诺将最终把他从过去多年在迷茫和懵懂的旷野的徘徊中拯救出来——呼唤他到伯明翰来。

# 神化

## 一

从蒙哥马利起，沿着阿巴拉契亚山脉最末端的山坡再走大约一百英里，就是伯明翰了。这里地处亚拉巴马州的边缘，与钢铁工业繁荣的北方相邻，是个粗犷、多沙、烟雾弥漫、阳光曝晒的城市，正如其喜欢自称的，是“南方的匹兹堡”。该城的事务，主要由一个叫作“大骡子帮”（Big Mules）的小圈子，和一个叫作“资深市民”（Senior Citizens）的同样孤立的团体把持，但他们任由伯明翰的政治投机家胡作非为，将这座黑人占总人口40%的城市打造成整个南方最森严的种族隔离堡垒之一。这种局面还因为当地庞大的三K党组织的暴行而不断加剧。他们定期烧毁十字架，不时绑架和摧残黑人，还时常用炸弹炸毁黑人的教堂和住宅，以致这个“南方的匹兹堡”更多地被人们称为“爆明翰”（Bombingham）。

其中一次这样的爆炸便发生在弗雷德·沙特尔斯沃思（Fred Shuttleworth）牧师的住宅。沙特尔斯沃思是金的一名助手，桀骜不驯，是长期致力于同伯明翰严酷的种族隔离制度做斗争的传教士。过去几年，他一直向金呼吁，在伯明翰发动一场由南方基督教领袖联合会协同领导的重大行动。实际上，当时南方基督教领袖联合会已经小规模地介入伯明翰。1962 年的一系列学生示威活动，促成了对商业区一些实施种族隔离制的店铺的抵制，已开始吸引越来越多的黑人市民参加，导致这些店铺的销售额下降，直到市政委员会蛮横地出面干涉，严禁商界做出任何让步。

金宣布将于 1963 年春天在伯明翰发动一场“全面攻势”，但此后他就明显变得容易动怒、时常沉默和心不在焉。自蒙哥马利事件后，他屡战屡败，一无所获，已经成为一个陈腐过时、只能唤起人们对 50 年代的回忆的形象。在八个月前金灰头土脸地从奥尔巴尼败退后，如果他不能真正地改变伯明翰更加严峻的形势，几乎可以肯定，他在 60 年代作为知名人物发挥任何作用的可能性，就都不复存在了。那里的事业要求他必须彻底改变战略。奥尔巴尼的失败之后，金认识到从一开始就必须把运动牢牢地掌握在自己手里，使得媒体乃至公众，相信他是负责任的。于是，怀亚特·沃尔克设计了一个分阶段扩大的示威方案，最终要促成伯明翰的黑人对该城繁华商业区的全面抵制——目标是迫使那里的店铺取消种族隔离制，无论是在顾客设施还是在员工雇用方面；迫使电影院和汽车旅馆取消种族隔离制；迫使市政机构，包括警察局，在雇用黑人员工时须做到一视同仁；取消对此前因参加抗议活动而被捕的所有人的指控；组成一个由黑人和白人共同组成的委员会，讨论进一步的民权目标。实际上，这个日程表的内容与奥尔巴尼斗争时的很相似——但是一个重大的不同在于，这次运动不是针对并不依赖黑人选票的政权当局，而是着眼于商界——他们迫切需要黑人消费者，并且他们对市政和县政官员有着巨大的影响力。

奥尔巴尼事件还使金认识到一个残酷的现实：在伯明翰必须彻底发挥民众力量，而不能单纯从道德上指望白人发善心。从不止一个方面来看，蒙哥马利事件真的已经一去不复返了。正如怀亚特·沃尔克所指出的："只采取有节制的行动，寄希望于得到白人的帮助，是行不通的。他们会把你钉在十字架上。"在这个种族隔离主义尤其凶恶的南方堡垒，只有采取无情的猛烈攻势，才能使"紧张局势表面化"——从而通过危机的公开发作引起新闻界必要的关注——迫使肯尼迪政府采取他们在奥尔巴尼成功规避的行动，迫使伯明翰政府采取该市商人无法采取的解决措施。

在所有深思熟虑过的要素中，也许最振奋人心的是，在伯明翰他们将面对的不是劳里·普里切特那样的老滑头，而是已经做了二十三年公共安全专员的“公牛”尤金·康纳（Eugene “Bull” Connor），一个言过其实、爱威逼恫吓、死不改悔的老牌种族隔离分子——他身材矮胖、趾高气扬，总是戴着一顶翻檐草帽，是个中年老板式的人物，对于金和他背后的民众，只知道“黑鬼”一个词，而且还出了名地脾气暴躁。他是南方基督教领袖联合会寄予重望的突破口。怀亚特·沃尔克后来曾回忆说：“我们算计过他。”

凑巧的是，康纳刚刚在市长竞选中被一位相对温和的种族隔离主义者艾伯特·鲍特韦尔（Albert Boutwell）击败。鲍特韦尔的支持者们对公民权利更敏感，主张在维持日益严重的种族压迫时，采取一些较体面的方式。然而康纳不肯放弃自己对警察和消防系统的掌控，在法庭上，对鲍特韦尔根据差不多同时通过的新的城市宪章当选的合法性提出质疑。这一情况当时在伯明翰造成了实际上存在两个对立政权的混乱局面。鲍特韦尔虽然当选，但能否就职仍然难说，这也给伯明翰的种族政治出现缓和的前景蒙上了阴影，而在法庭最终决定他和康纳谁胜谁负之前，该市商界的精英阶层实际上也处于瘫痪状态，不可能对黑人的要求进行任何考虑。就这一点，罗伯特·肯尼迪亲口说过，此时举行任何示威都“不合时宜”，媒体界也没把金在伯明翰的冒险放在心上，一如既往地冷嘲热讽。《华盛顿邮报》贬斥其“效果可疑”，更多的是为金的野心驱使，“而非形势之真正需要”。金深知，在这场他强加于自己的决定性战役中，主要媒体的关注是至关重要、不可或缺的，这等于给他的希望兜头浇了凉水。正如安德鲁·扬后来证实的：“运动实在是需要宣传，以寻求正义……只要它被淹没在水面之下，就没有人关心。你必须使它浮出水面。”然而对于肯尼迪政府，以及伯明翰本地在民权方面相对进步的人们，媒体试图分享的观点却是，金和康纳都不过是反对者，是同样讨厌的极端主义捣乱分子。

实际上，在伯明翰的黑人领导层中，也有些人不太同意金发誓要发动的“全面”示威。他们担心一时兴起，最终也会像在奥尔巴尼一样落得个竹篮打水一场空——黑人社区管理者中存在的这种矛盾心态，迫使金不得不亲自上阵，紧急地加以劝勉。后来，他们中最具声望的人物，富裕的企业家加斯顿（A. G. Gaston），同意金和阿伯纳西将他在汽车旅馆的主卧套间当作行动指挥部——这间房子就在大厅之上，距后来成为冲突的中心战场的第十六街浸信会教堂，也只隔着凯利·英格拉姆公园（Kelly Ingram Park）。

群众集会像每晚定期举行的茶会一样，在伯明翰的各黑人教堂展开了。连金爸爸也出席过一次。他早已不再对他儿子超出教职以外的社会诉求持保留态度，转而大声号召所有人都献身于运动（然而，他还没有真的想让他儿子献身，这点他很快就会表现出来）。金在经历了六年的迷失后，努力想使自己的口才再度发挥作用。他在教堂集会上慷慨陈词："现在，在这场非暴力运动中，我们要说，你必须爱白人。上帝知道，他们需要我们的爱。"他继续向听众们解释他那些令人瞠目结舌的思想："当你上升到爱的层次时……你爱那些你不喜欢的人，你爱那些做派令你讨厌的人。你爱所有人——因为上帝爱他们！"如传记作家戴维·刘易斯所记载的，在同现场观众的对话中，金大声喊道："如果通向自由之路要穿过监狱，那么，狱吏们，打开牢门吧！”继续讲，博士，继续讲！“你们中有些人害怕了。”是的，是的。“有些人满足了。”说下去，说下去！“但是如果你不向前走，请不要阻止我。我们将非暴力地前进。我们将迫使这个国家、这座城市、这个世界，直面其良心。我们将使仁爱的上帝在白人的内心中战胜种族隔离的撒旦。斗争不是在黑人与白人之间——”不是，不是！“而是在正义与邪恶之间！”是的，是的！“无论何时正义与邪恶发生了冲突，都是正义必胜！”

在示威活动进行到后期时，的确发生了一次这样的情况，在“公牛”康纳准备好他的消防水龙带后，金通过道德呼唤施暴者良心发现的多年来的希望，似乎短暂地化为了现实。一次教堂里的集会突然爆发为即兴而起的游行，人们涌向城市监狱，但很快被“公牛”康纳由警察和水龙带组成的防线拦住去路。康纳尖叫着下令打开水龙带，但不知为何他的部下们却纹丝不动，似乎被眼前这些身着盛装的黑人教民惊呆了。康纳又吼叫道：“见鬼，打开水龙带！”令人惊奇的是，他的部下仍然一动不动。最终康纳任由游行者突破他严阵以待的水龙阵和警察队，“哈利路亚”的呼声响彻游行队伍。他们在一个街区外的公园里举行了祈祷仪式。

然而事实证明伯明翰的斗争在很大程度上都远没有这样超凡出众。实际上，尽管金尽展雄辩之才，运动却是跌跌撞撞地开始的，所有地方志愿示威者的数量都远不及预期，而他们起初在遭遇康纳指挥的逮捕时，也意外地受到了礼遇。实际上，时任亚拉巴马州州长的乔治·华莱士——一个矮胖、好斗的种族隔离分子和巧舌如簧的煽动家，很快将成为金的主要敌手——早先曾与康纳达成一项协定，要把州警察部队派往伯明翰，迅速镇压示威活动。然而，他们遭到鲍特韦尔支持者的阻止。支持鲍特韦尔的多是管理界人士，他们大都认同奥尔巴尼的劳里·普里切特的手段，主张也用那样的“丝绒拳头”来遏制示威。金于是发现，奥尔巴尼的招数又被搬出来对付他了。经过头八天的示威，他在该城的攻势似乎严重停滞，只有一百五十名左右的抗议者被捕入狱，还不及金在奥尔巴尼发动的示威第一天被捕人数的一半。在媒体界看来，整个这一事件看上去不过是在金的不断挑唆下突然兴起的又一场不成气候的骚乱。于是形势似乎急转直下，伯明翰眼看着将成为又一个奥尔巴尼，而且更糟，甚至连奥尔巴尼的规模都没有达到。

但是康纳不满足于这种前景，他还想模仿奥尔巴尼的策略，争取一项法庭禁令来禁止任何进一步的示威活动，于是显示出他那火暴脾气可资利用的第一个迹象。不过他没有向联邦法官寻求禁令，而是求助于一位意气相投的州法官，这就给了金既可挑战禁令又不必顾忌冒犯联邦权威的机会。金这时做出判断，只有他本人因触犯禁令被捕，才能震惊四方，从而挽救日渐衰微的伯明翰运动，将仍在观望不前的黑人民众吸引进来，与此同时激起媒体和联邦政府的充分关注。

即便如此，金此时此刻在伯明翰被捕入狱，在后勤上也还存在严重的顾虑：他已经预定日程的一次募款巡游就无法成行了，而这次巡游对于为运动示威者募集保释金是至关重要的。一天上午，在加斯顿汽车旅馆的套间里，金和二十多位谋士举行了漫长的会议（参加者包括金爸爸，他对儿子坐牢历来是高兴不起来的，因而力主放弃挑战禁令的行动），反复权衡利弊。如果他此时离开，去挽救运动的财务危机，那就显得他遵守了禁令，正如他已经公开宣布的那样，不再游行和被捕，那无论如何相当于他宣告“我们不干了”，相当于他屈服了。最终，当套间里还在喋喋不休地争吵时，他宣布他需要为此事做个祈祷，于是走进卧室，关上了门。大约三十分钟后，客厅里的争吵还在火热地进行，金打开卧室门，走了出来，房间里顿时安静下来。金换了一身装束，穿着工作衫、新牛仔裤和劳动靴，袖口绾得很高。“我不知道钱会从哪里来，但我必须按照信仰行动，”他宣布道，“有这么多人依赖我，我要去游行。”

那天恰好是耶稣受难日。下午，金和阿伯纳西一起从第十六街浸信会教堂的一次集会出发，穿过汽车旅馆对面的公园，游行前往市政厅，只有大约四十名示威者跟随着他们。他们走过好几条街后，才遇到了康纳的手下排成的人墙，其中的一位看到金自己送上门来，一瞬间忘了事先叮嘱过他们的礼貌，一把抓住金的背带，将他拽离地面，扔进了一辆警车的后座。金被拉到伯明翰监狱，单独投进了一间狭窄、幽暗、没有窗户的牢房。牢房里有一张只有金属条的简易床，没有床垫。他被禁止与外界发生任何联系，无论是探视还是打电话，一连两天——只有从牢房的门上方透入的微弱、模糊且越来越弱的光，使他知道外面还有一条走廊——直到复活节的下午。他后来回忆说：“你永远不会知道漆黑一片的意味，除非你躺在一间这样的牢房里”，而且“在这样的黑暗中，一颗忧虑的心里会浮现出更多可怕的景象……”

金获准得以在牢房里昏暗的灯光下阅读报纸，其中有一份《伯明翰新闻报》(*Birmingham News*)，上面一篇报道标题为《白人牧师敦促本地黑人退出示威》。有八名当地宗教界要人发表了一份联合声明。尽管他们本人的会众都遭到种族隔离，尽管他们早先在缓解种族情绪方面都发表过值得称赞的言论，但他们这时却谴责起金和他带来的“外来人”的“极端主义”来，称其“不明智并且不合时宜”地在民权方面制造麻烦，煽动“仇恨和暴力”，“无助于我们本地问题的解决”。他们主张，黑人若想匡正本城的问题，“应当到法庭上施压，或者由本地领导人进行谈判，而不应上街闹事”。更早的时候，在奥尔巴尼，全国有色人种协进会也曾出人意料地发表过类似的抱怨——实质跟肯尼迪兄弟本人的看法差不多——金的回答是:“立法和法庭判令只能宣布权利。它们从来不能彻底地实现权利。只有当民众自己开始行动时，纸上的权利才能获得血肉。”法律规定的权利与实际实现的权利之间的差异，一直是金与周围权力系统之间的中心冲突之一。

这些来自伯明翰的金的同行，在这紧要关头全都义正词严地敦促人们要耐心，似乎也具有在奥尔巴尼时学生非暴力协调委员会的激进分子指责金表现出的妥协倾向——他们的指责中的某些观点，似乎立刻引起了金的兴趣。金开始在报纸的空白处奋笔写下对他们的声明的答复，直到报纸上的所有缝隙都密密麻麻地填满他那潦草的字迹、连接箭头和圆圈。当他的助手终于被允许探视时，助手本想来讨论运动在法律上和财务上陷入的困境，金却从衬衫下抽出报纸，说："我在写这封信。我要你设法把它带出去。"然后又从助手的记事本上撕下了几页纸，"我还没写完……"他又写了三天，每当助手黑人律师克拉伦斯·琼斯（Clarence Jones）到来时，金就从栅栏间塞给他几页纸。琼斯开始担心金失去了对监狱外实际事务的控制，然而金只是对他说："我需要更多的纸。"

这封信被打字机打出后，竟然是一篇长达二十页的专题论文——证明了金的文笔完全配得上他在讲道坛上的雄辩之才，这是在危机的关键时刻对行动的思考。金的这封《伯明翰监狱来信》(*Letter from Birmingham Jail*)，确定而全面地回应了来自从肯尼迪兄弟这样的政客到伯明翰的优秀牧师等各方面长期的劝告和怀疑。

信中阐述了他作为对抗性运动使徒身份的合法性——这就是他的个人宣言，和四百年前钉在维滕堡教堂（Wittenberg's Castle Church）大门上那个他的名字来源者的信仰宣言十分接近。

金向他的牧师同行们指出："坦率地说，我还没有直接参加过一场在那些从未受过严酷的种族隔离之苦的人眼里'合时宜'的运动。"他用交响乐般的语调，详细地揭露黑人在美国遭受非人和下贱的待遇已有三百多年。他断言："那些从未感受过种族隔离之刺痛的人，会很容易地呼吁'等待'"，但是"当你日日夜夜为你是个黑人这一事实而烦恼，总是胆战心惊地生活着，从来不清楚下一刻会发生什么事，时常为内心的恐惧和外界的厌恶所折磨，当你永远要同'没人在乎'的堕落感搏斗时，你就会理解为什么我们很难等待了"。如果他们认为自己只要能做到在快乐的白人世界里洁身自好，不欺压黑人公民即可，金对此警告说："任何地方的非正义，都是对所有地方的正义的威胁。"

对于牧师们赞扬警察在制止示威时的友善行为，金表达了震惊和失望，他说"用道德的手段来维护不道德的目的"是彻底的错误。他只希望他们也能"赞扬一下伯明翰的黑人静坐者和示威者崇高的勇气和献身精神……”他认为，事实上南方的抗议示威者终有一日会被承认为这个时代“真正的英雄”，是他们“将我们整个国家载回国父们曾经深掘的那些伟大的民主之井”。金继而哀叹道：“我几乎要得出这样令人遗憾的结论了，黑人最大的绊脚石并非白人公民委员会的那些人或者三K党徒，而是白人中更关注‘秩序’而不是正义的中庸者。”他真切地向伯明翰的宗教界要人呼吁：“善意的人们肤浅的认识比恶意的人们专横的认识更令人沮丧。”

金断言，正是肤浅的认识，才会产生像他们那样对激进行动的反对。但是，“问题并非我们是否要做激进主义者，而是我们要做什么样的激进主义者”。继而，为了开导那些牧师，金赞美了先知阿摩司（Amos）、耶稣、杰斐逊、林肯等激进主义者。这时，金还不知道他这番话与十八个月后可怕的巴里·戈德沃特（Barry Goldwater）在被提名为共和党总统候选人时发表的那个著名宣言意外地相似：“在捍卫自由时，激进主义并非恶行……”

文章收尾之前，金由牧师们引发的思考，越过他在伯明翰监狱的当下情境，甚至越过20世纪60年代的南方，飞进了整个历史运动，将伯明翰置于终极的视野里，与圣保罗、苏格拉底、托马斯·阿奎那、艾略特（T. S. Eliot）、马丁·布伯（Martin Buber）等人的思想结合，与他自克罗泽神学院和波士顿大学的平生所学结合。金在伯明翰监狱中对这些思想的诠释，成为他正式毕业八年后真正的博士论文。他向伯明翰的牧师同行们提出："我同意圣奥古斯丁'恶法非法'的说法"，但是任何人"在违反一项不公正的法律时，都必须是公开地，并怀着爱心地"，被捕入狱是"为了唤起公众对正义的良知"，是一种"实际上表达了对法律至高的尊重"的行为。

金的信到达八位牧师手中后，没有得到任何回复。而且，他们似乎发现自己的言论引来了足以压垮他们的注释。其中一位，在通读全信后，只是对助手叹了口气："当你想做些事情时，就是这样……"但是当怀亚特·沃尔克收到金的这封信后，他激动万分地主持了对金潦草手稿的打印。他坚信这是与从前的使徒在监狱里写的书信一样的使徒书，他为自己能亲身参与这样一封书信的产生而喜不自禁。当打印完成后，他广为散发。然而仍然要过一个月后，新闻界才有人提起金的《伯明翰监狱来信》，更长时间以后，人们才认识到这是金的伟大宣言——比几个月后他在“向华盛顿进军”时发表的那篇庄严演说更为深刻。

然而，实际形势却是，金的被捕入狱未能激起预期的外界反应：伯明翰的努力眼看着就要胎死腹中。金坐了九天牢后，同意交保获释。但是在当晚的群众集会上——已是运动开始后的第二十五天——与会群众仍然少得可怜。与此同时，如维持运动生命的氧气一般的媒体报道，也在迅速萎缩，几乎销声匿迹。“我们必须拿起一切武器了，因为媒体在离去，”金恼怒地说道，“我们得赶紧动手。”虽然他得到消息称，有黑人和白人同时参加的与商界的郑重洽谈正在准备举行，但他从奥尔巴尼经验得知，对此寄予幻想对示威活动将是灾难性的。然而，怀亚特·沃尔克后来回忆道：“我们当时已经山穷水尽了。我们已经像刮桶底一样，把能动员起来的成人都动员起来了。”

这时，正在密西西比州进行野外工作的詹姆斯·贝弗尔被召来了。他再次展示了一向为金所折服的巫师般的天才，以出人意料的盘外之招使示威运动绝处逢生：他长久以来奉行一个信条：对于种族隔离主义疯狂的病状，有时候唯一适当的回应便是某种相应的疯狂。这时他想出了一个主意：动员伯明翰的高中生参加游行，从而使示威达到令人震惊的规模。金起初对此深感犹豫，他给一位朋友写信时说，“假如所有这些孩子走出校门”，亚拉巴马的州警察部队“会揍他们的”。后来，当这样的招数传到肯尼迪兄弟耳中时，他们也大为惊骇，认为这是最不计后果的鲁莽行为和最不得体的求助手段。“让还在上学的孩子们参加街头示威，是极其危险的事情，”罗伯特·肯尼迪痛心疾首地说，“只要有一个孩子受伤、残废，或者死亡，都是我们任何人负担不起的代价。”伯明翰本地的黑人领袖一听到让他们的孩子任由“公牛”康纳的部下残酷地逮捕和关押的主意，也被吓呆了——而且他们知道，任何提倡这么做的人，都会被以教唆未成年人犯罪的罪名起诉。

但金已经走投无路，似乎别无选择了。他最终决定征召伯明翰的在校学生参加他那日薄西山的运动。很多年后，这个决定都令许多原本很钦佩他的人非常不快，认为这即便不是怯懦畏缩，也是厚颜无耻的机会主义。然而，尽管金对采用这种办法心怀不安，但他很快意识到，正是这种鲁莽、危险、极端且备受质疑的招数，在历史上屡屡扭转局势，挽救了看似已无可救药的事业。他的助手们也坚称这是“孤注一掷”，正如沃尔克所说，他们必须勇敢地拯救他们在伯明翰的行动。在随后的群众集会中，金向该城的民众，或许也是向他自己，信誓旦旦："现在，终于，你们的孩子，你们的女儿和儿子，也被关进了监狱……他们是在为他们的信仰而受苦受难，他们受苦受难是为这个国家变得更好。"金宣称，他们在以勇气和毅力，为自己赢得更加自由的未来，他们的长辈应当羡慕他们的经历。

在接下去的七天，伯明翰像是在1963年唤起了一场"儿童十字军行动"，成百上千的孩子，年龄最大的十六岁，最小的只有六岁，聚在第十六街教堂前一边拍手一边唱歌，然后在头戴无檐便帽的詹姆斯·贝弗尔指挥下，一波又一波地涌向凯利·英格拉姆公园。在那里严阵以待的"公牛"康纳的警察们将他们塞进警车——当警车不够用时，又动用了校车——然后送往伯明翰监狱。单是第一天，就有五百人被捕。当伯明翰监狱容纳不下他们时，又有几百人被关在了游乐场里临时搭起的露天围栏里。由于示威者突然增多，呈泛滥之势，招架不住的"公牛"康纳终于露出了粗暴的原形。

他下令用高压水龙头将年幼的示威者和旁观的黑人冲回去，那水龙头的威力能剥去人的衣服。继而他又大喊："我要看看那些狗的功能"，随后放出狂吠的德国牧羊犬扑向黑人们。康纳哈哈大笑着说："看那些黑鬼跑的！"一张新闻照片——一名警察一手揪着一名黑人青年的衬衫胸部，一手牵着一条不断扑向那青年腹部的狗——恰巧传到了白宫椭圆形办公室总统的眼里。肯尼迪对当天的一群访问者说："这照片让我恶心。"但青少年示威者仍然如浪潮般不断涌来，一批人被捕了，又有更多的人顶上来。康纳临时准备了一门威力极强的水炮，装在一个三脚架上，能将一百英尺外的树皮炸开。这台装置将游行者和旁观的黑人像布娃娃一样冲得东倒西歪。黑人们开始聚在一起向康纳的手下扔石头和瓶子。沙特尔斯沃思本人也有一次被冲力如打桩一般的水炮重重地撞到了墙上，不得不被抬上担架送上急救车。康纳却还不解气，说"他们真该用灵车把他拉走"。

于是，伯明翰突然之间蹿上了夜间新闻和全国报纸的头版——而"公牛"康纳的警察使用消防水龙头猛烈喷射，以及成群的警犬追赶四散而逃的黑人青年的野蛮景象，对人们的冲击力远远超过了所有人对让少年儿童参加示威是否适当所持的保留态度。随着大批的记者蜂拥而至，运动与媒体的共生现象也展现得淋漓尽致。自蒙哥马利事件以来，电视台在大规模集体见证方面的力量，就像一种新能量在大气层中以慢动作爆炸的姿态在扩展。现在，所有事情一发生，就能被所有人在近乎同一时间看到，此时，伯明翰事件就变成了一场整个国家都在经历的危机。在伯明翰的黑人社区，种族主义秩序固有的邪恶肆虐到他们孩子身上的景象，清除了人们对金的运动的矛盾心态，将黑人精英阶层和普通民众同样团结起来，许多成年人相继加入了他们孩子的游行队伍。金的伯明翰运动终于轰轰烈烈起来：用福音传教士形容一个社区的复活的话来说，终于"突破"了。

直到此前，康纳的警察们还在试图阻止游行泛出黑人聚居区，进入伯明翰商业区。然而这时，几乎同时而起的大约十五支游行队伍，成功地击退了他的消防水龙头和警犬，迅速席卷了繁华商业区的街道。正午时分，示威的人流欢欣鼓舞地走在人行道上，齐声高唱着"我们必胜"，令午餐时刻的白人购物者和商人目瞪口呆，从黑人区涌来的这不断激增的人流仿佛西哥特人攻入了罗马市中心。然而，黑人们完全是在庆祝，而不是袭击，既没有抢劫，也没有破坏。但是接下来的日子里，市中心变得气氛诡异，空荡荡的，造成了白人购物者也对抵制商业区做出贡献的局面。

伯明翰的商界这时终于认识到，他们必须严肃正经地与黑人领袖们坐下来谈谈了。“尽管谈判这主意令我们所有人都非常不快，”他们中的一位嗤之以鼻地说道。然而，如果他们不谈判，伯明翰将被乔治·华莱士的州警察部队或亚拉巴马国民警卫队占领，城市将陷入毁灭性的长期抵制状态，这更加可怕。与此同时，引人注目的是，正如罗伯特·肯尼迪对亚拉巴马州一个报纸编辑代表团所说的，他已经开始意识到，“假如金失败了，取代他的会是更糟糕的领导人”，他认为他们应当庆幸金恰好是个言行一致的倡导温和与非暴力的人。似乎伯明翰的残暴景象急剧地改变了一切，包括肯尼迪兄弟的看法。罗伯特·肯尼迪和他的助手开始奋力地展开斡旋，以促使伯明翰已经起步的黑人和白人共同参与的谈判顺利进行。安德鲁·扬因其冷静和谨慎的作风，成为金主要的谈判代表。谈判持续了一个漫长的夜晚，直到凌晨4点钟时，达成了一项协议的基本内容。

但是此前那天下午，凯利·英格拉姆公园爆发了一场骚乱，已经蔓延开来的藐视和反抗情绪，促使一帮粗鲁的人从附近的酒吧和台球室冲了出来，用砖头和石块同康纳的消防水龙头混战了一场。由于谈判这时已进行到关键时刻，有可能达成协议，金于是决定暂停抗议一天。这激怒了刚刚从医院出来的沙特尔斯沃思，他认为自己已被排除在伯明翰运动的进程之外。“喂，马丁，怎么会有人在我不在的时候做出这样的决定，这我可接受不了，”他怒气冲冲地对金说，“只烫猪的一边是没用的。虽然水很热，但也只有两边都烫，才能把猪毛烫干净！”他抱怨道：“你知道，奥尔巴尼的人都说，你来了，把人们挑动起来了，可你却走了。但我就住在这儿，哪儿也去不了，我告诉你，[示威]不能取消！”金明显地紧张了起来，对这突如其来的爆发低声细语地加以安抚，但沙特尔斯沃思仍然咆哮个不停：“你他妈的真是胡闹，年轻人……你是老大，但你将成为狗——屎！”他喋喋不休，如此生硬、狂暴和无礼，令屋里所有人都大惊失色，然而金只是把他拽进了另一间屋里，经过几分钟的单独交谈后，金终于使他平静下来。在随后的新闻发布会上——这时已有一百七十多名记者，包括外国媒体，汇集在伯明翰——金请沙特尔斯沃思来宣布即将达成的协议。沙特尔斯沃思骄傲地宣告：“伯明翰市和它的良心达成了协议……”随后，在伯明翰种族隔离的漫漫长夜中苦斗多年之后，在终于清楚地看到黎明的曙光时，他晕倒了。

但是康纳听说即将达成一项协议，基本上满足了伯明翰黑人市民的要求后，便锁上了第十六街教堂的大门。华莱士也派来了州警察部队，他们在阿尔·林戈（Al Lingo）上校的指挥下，在教堂对面的凯利·英格拉姆公园操练。他们的钢盔上绘着南北战争时南部邦联的旗帜。康纳这时又将金在耶稣受难日那天被捕的保释金提高到两千五百美元，他认为金会拒绝交那增加的部分，这样他就可以把金重新抓回监狱——所有这些，都是为了激发剧变，破坏即将达成的协议。但是认为金如果再度被捕，将坚持待在监狱里，以延长会令罗伯特·肯尼迪为难的紧张局势，是不合常理的。金说服加斯顿替他交了保释金。不过金宣布，如果第二天上午未能达成协议，示威将恢复，并将达到伯明翰前所未有的更大规模。最终的协议仍然在释放另外两千五百名被捕示威者的问题上僵持不下。这时罗伯特·肯尼迪本人连忙悄悄地筹集了必需的十六万美元保释金，主要来自美国最大的工会组织。这笔钱汇到伯明翰后不久，该城的“大骡子帮”和“资深市民”就与安德鲁·扬和 A. G. 加斯顿在协议的所有细节上达成了一致。商店的试衣间将立刻取消种族隔离制，经过一定阶段后，便餐馆、饮水机和公开场所休息室也将向黑人开放，黑人售货员将可以得到雇用，还将成立一个由黑人和白人共同组成的委员会磋商其他问题，最终促成伯明翰的公共生活全面向黑人开放。

这时，距第一次学生游行只有八天——而距金的伯明翰攻势发起已有七个星期。

但是紧接着，灾难发生了。协议宣布的当天晚上，伯明翰的夜空被爆炸的火光照亮了。一颗炸弹炸开了金的弟弟亚当的住宅前部。亚当像金一样身材矮胖，长着一张温和的圆脸，在担任了一系列教职后，虽然已经明显地因沉溺于威士忌而显得身体虚弱，但仍然孜孜不倦地在哥哥的事业外围为之服务。这次爆炸后仅片刻工夫，又一颗炸弹严重毁坏了加斯顿汽车旅馆的大厅，正是金指挥伯明翰运动的那个套间的下方，幸好当时屋里没人。接下来的昏天黑地的几个小时，使未来笼罩在阴影中。爆炸在凯利·英格拉姆公园一带引发了疯狂的暴乱，汽车被焚烧，商店被点火，肇事者多是一无所有、一筹莫展的底层黑人，达成任何协议条款对他们来说都是无所谓的，而他们的怒火很快就将扩大到全国范围，几乎要毁灭金的运动。不过，凯利·英格拉姆公园的骚乱恰好为华莱士派出的州警察提供了用武之机。阿尔·林戈的部队终于如出闸洪水般发起猛攻。在那个漆黑的夜晚，他们挥舞着棍棒冲进暴乱的人群。他们的愤怒也预示着后来塞尔玛桥上的残暴。

由于华莱士已经私下里发誓要阻止两名黑人学生进入亚拉巴马大学，这时在白宫，肯尼迪总统所担心的，正如他满腹疑虑地评论的，这个政治上的小捣蛋鬼“别真的接管了全州”。然而尽管发生了众多爆炸事件和骚乱，尽管华莱士的警察部队横冲直撞，伯明翰协议还是保住了。虽然令人难以置信，但的确保住了。

自蒙哥马利抵制行动仅仅凭借联邦法院最后一刻的判决而获胜，六年以来，伯明翰运动成为金的非暴力群众抗议运动中，真正由群众对抗和斗争而赢得的第一场切实的、显著的胜利。当运动接近高潮时，斯坦利·利维森曾对金说：“毫无疑问，到了这个地步，一定是一场大胜利了。”伯明翰成了金真正被尊奉为神的地方。直到这时他才最终意识到，蒙哥马利使人们寄期望于他，而伯明翰使全国上下恢复了对他的重视，这回他作为美国民权运动最具影响力的人物，有了无可争辩的正统性——

的确，他是当之无愧的。在伯明翰大捷后，金发现自己自奥尔巴尼翻船而被新闻界冷嘲热讽以来，仅仅过了十个月就登上了《时代》周刊的封面，成为其1963年的“年度人物”。金不无得意地再次讲述了他在蒙哥马利时期，那天午夜发生在他家厨房里的主显圣灵事件，“我们肯定还会经历某些精神历程”，使你“在内心深处明白，宇宙的特有结构中存在某种东西，会最终保证正义获胜并实现。这是保证你在困难时继续前进的唯一动力”。

而且，伯明翰运动引发了更广泛的反响，各地为争取公共设施向黑人开放而发动的示威活动风起云涌——根据一份统计资料，共有一百八十六个城镇发生了七百五十八场示威，地域甚至超越了南方。肯尼迪政府已在考虑须应对全国各地同时爆发多个“伯明翰运动”的可能性。距肯尼迪兄弟试图将金和他的说教边缘化，让其自生自灭仅仅过了不到两年半，民权革命似乎就发展到要左右肯尼迪的总统职位的地步了。总统一度惊叹：“它真是无所不在。我的意思是，这已成为一切。”不过迫于形势，肯尼迪兄弟都最终认识到，这个国家在其种族不平等问题上，已不可避免地要与历史达成道德和约。

这使得总统迈出了他从未想到自己在第一个任期就会冒险迈出的一步——向国会提交了一份在公共设施全面施行的民权法案，尽管他深知这极可能导致南方的政党格局重新配置，而现有的政党格局是自1865年至1877年南方重建时期延续下来的。正是那时的重建使得美国的南方成为白人共和党人的堡垒。

6月份炎热的一天，在亚拉巴马州大学，司法部副部长尼古拉·卡岑巴赫（Nicholas Katzenbach）训示闷闷不乐的乔治·华莱士，他必须停止干预两名黑人学生入学之事。当天晚上，肯尼迪总统在国家电视台发表了他最感人的披肝沥胆的演说之一：

> 我们面对的主要是一个道德问题。这个问题像《圣经》一样古老，像《美国宪法》一样清楚。如果一个美国人，只因为他的皮肤是黑色，就不能在一家向公众开放的餐馆进午餐；假如他不能将他的孩子送进最好的公立学校……那么我们中有谁愿意改换皮肤的颜色？我们中有谁愿意听耐心和推延的劝告？……
>
> 因此我请求国会颁布一项法律，给予所有

美国人在向公众开放的设施——旅馆、餐馆、剧院、零售商店……——得到服务的权利。

这项公共设施法案，是由金在南方发起的运动所实现的两项重要民权立法中的第一项。然而其签署实施却是由另一位总统完成的。在约翰·肯尼迪那天晚上发表演说后，仅仅过了不到五个月，就发生了达拉斯那个明媚的正午的枪击事件。金和科丽塔一起，在家里观看了第一时间的电视报道，他喃喃地咕哝道："这样的事情，也将发生在我身上……"

接下来的两天，金一直卧病在床，观看电视转播的全国公祭的情景。然后——尽管没有受邀参加肯尼迪的葬礼，正如没有受邀参加他的就职仪式一样——金硬撑着起了床，独自一人来到华盛顿，站在街边，目送着送葬队伍从教堂前往阿灵顿公墓（Arlington Cemetery）。

## 二

达拉斯那个11月的正午之前，8月骄阳似火的一天，在经常成为明信片背景的华盛顿公园，在林肯纪念坐像的凝视下——可以说，也是在他仍然不断扩大的影响感召下，一股巨大的人潮聚集在他下方绿草如茵的空地上——大约有二十五万人，其中将近三分之一是白人。他们中有大批参加了金的运动的忠诚的黑人，有经常打着标语予以支持的白人工会成员，有美国各界的名人，也有从全国各地赶来的金的信徒。在金取得伯明翰大捷三个月后，“向华盛顿进军”行动好比宣布了民权运动是全国最崇高的行动，而金是运动杰出的领袖。

这场大规模的进军华盛顿活动，是由运动的元老菲利普·伦道夫组织的，得到了金和其他领导人的配合。罗伊·威尔金斯尽管对伯明翰大捷后南方基督教领袖联合会威望大增心中不快，但也积极地支持了这次行动。行动欲通过巨大的集会，展现民权运动的宏大规模和高昂士气，以呼吁国会通过肯尼迪总统提出的公共设施法案。然而，总统本人却对这次行动感到不安，试图劝阻进军的组织者。他在预先同他们进行的会谈中警告说，成千上万的示威者拥进首都，会被国会视为暴民恐吓，反而会使他提出的法案无法通过，国会山上的很多议员已经在寻找各种借口逃避对他的支持了。金重复了曾经对伯明翰的牧师们说过的话：“坦率地说，我还从未直接参加过一场不被认为不合时宜的运动。还有人认为伯明翰运动不合时宜呢。”对此，总统莞尔一笑，答道：“包括司法部部长。”

实际上，学生非暴力协调委员会主席约翰·刘易斯那天也打算发表一篇讲演，其油印稿已经在四处流传，而其挑衅性的腔调令人毛骨悚然，对此，运动的领导人们也同样感到忧虑。那篇演讲稿中写道：“革命就要来临。我们将自力救济……我们要在南方进军，穿越南方的腹地，就像谢尔曼（Sherman）那样。我们应当实施我们自己的‘焦土’政策，非暴力地、彻底焚毁种族隔离制。”白宫看到这篇演讲稿后，也感到很恼火。天主教的华盛顿主教发出了正式通知，如果这样的讲稿不做修改，他将拒绝前往发表祷文。

实际上，尽管刘易斯曾二十二次被捕，十多次挨打，人们仍难以想象，这些凶狠的语句会出自他这样文质彬彬的人之口。直到他即将开讲前的片刻工夫，在林肯巨像后的一间小屋子里举行的气氛热烈的会议上，金和另外几位游行领导人才费力地说服了刘易斯，要他修改讲稿中最激烈的几个段落。金以其助手认为向来让人难以拒绝的那种平静、温和、同情的语气，对刘易斯说道："约翰，我想我是了解你的。我可不认为这像是你说的话。"的确，正如后来所披露的，那些火药味十足的段落，都是学生非暴力协调委员会一些主张革命的煽动者逼迫刘易斯写的。于是，就在这最后时刻，刘易斯在林肯塑像后，用一台袖珍打字机修改了那些文字。

随着那一天时间的推移，伦道夫、刘易斯、罗伊·威尔金斯先后发表了慷慨激昂的讲话，琼·贝兹（Joan Baez）、玛丽安·安德森（Marian Anderson）、鲍勃·迪伦（Bob Dylan）、玛哈莉亚·杰克逊（Mahalia Jackson）演唱了热情洋溢的歌曲，所有这一切都汇成了一种振奋人心的宏大的膜拜仪式。按照计划，最后轮到金发言。还没等他开始宣读他那已经写好的稿子，他便感到一阵冲动，"就在突然之间，我不知道为什么，我此前从来没有想过这些话"，他决定改变他演讲的主题，尽管这个讲稿他此前已不止讲过一次，最近还在底特律和芝加哥分别演讲过。一开始他还有些磕巴，就好像笨拙地在拉变速杆似的，然而他开始了："朋友们，今天我要对你们说，尽管眼下困难重重，但我依然怀有一个梦……"

现在，他平生第一次，将他在奋兴布道会讲坛上的庄严气度，将他在南方各地无数个黑人教堂群众集会上令人疯狂的口才，通过全部三个电视网络的实况转播，展现在全国数以百万计的观众面前：

> 我梦想有一天，在佐治亚州的红色山冈上，昔日奴隶的儿子能够同昔日奴隶主的儿子同席而坐，亲如手足。
>
> 我梦想有一天——

这一刻仿佛圣灵突然降临。一阵巨大的惊喜颤动着，在广场上密集的群众中传播。人们呼喊着，爆发出热烈的掌声。

> 我梦想有一天，我的四个儿女将生活在一个不是以皮肤的颜色，而是以品格的优劣作为评判标准的国家里。
>
> 我今天怀有一个梦。

一浪高过一浪的欢呼声和鼓掌声，这时紧随着他那男中音的振幅：

让自由之声，响彻每一座山冈！……让自由之声响彻佐治亚州的石山！

让自由之声响彻田纳西州的望山！让自由之声响彻密西西比州的一座座山峰，一个个土丘！让自由之声响彻每一座山冈！当我们让自由之声轰响，当我们让自由之声响彻每一个大村小庄，每一个州府城镇，我们就能加速这一天的到来。那时，上帝的所有孩子，黑人和白人，犹太教徒和非犹太教徒，耶稣教徒和天主教徒，将能携手同唱那首古老的黑人灵歌：终于自由了！终于自由了！感谢全能的上帝，我们终于自由了！

他浑身大汗，摇摇晃晃地走下了讲台。先是一阵肃静——继而山呼海啸般的欢呼声席卷了人山人海的华盛顿广场。在金近旁观看的科丽塔，后来回忆说“仿佛上帝的王国当真来到了人间”。

在白宫观看电视转播的肯尼迪总统，喃喃地说道：“他实在是太棒了。太棒了。”集会结束后不久，当游行的组织者们前来拜访时，肯尼迪摇动着金的手，连连点头，满怀敬意地对他说："我有一个梦。"对金来说，单是从华盛顿广场的那几个小时来看，美国完全具备成为一个上帝赐福的社会的前景，而所有这一切越发加剧了他激动的心情，他感到他的非暴力运动已经拥有了真正赎回整个国家灵魂的力量。

1963 年的那个夏天，运动的确看到了令人振奋的前景——然而这前景中也仍然投下了野蛮和血腥的阴影。就在肯尼迪发表他那"道德问题"的电视讲话，宣布他将向国会提交公共设施法案的当天晚上，在密西西比州的杰克逊市，全国有色人种协进会驻该州分会的书记迈德加·埃弗斯（Medgar Evers）遭到暗杀。他在参加一次战略会议后，很晚才回家，结果在私家车道上，被埋伏在街对面黑暗的灌木丛中的白人至上主义分子拜伦·德·拉·贝克威思（Byron De La Beckwith）开枪打死。然后，华盛顿游行刚刚过去两星期，一个星期天的上午，在伯明翰，一颗炸弹炸毁了第十六街教堂的大部，这是作为对刚刚过去的春天达成的民权协议的报复，当时很多游行都是从这座教堂出发的。废墟中发现了三具黑人少女的尸体，全都穿着星期天才穿的最好的白色衣裳。迅速蔓延至全城的骚乱又导致了两名黑人青年被杀，一场种族战争眼看着就要爆发，华莱士迅速地再次派出了阿尔·林戈的突击队，同时散布言论称爆炸很可能是黑人挑拨者所为，以博取人们对他们事业的同情。

从华盛顿游行时令人无限憧憬的辉煌巅峰，仿佛一下子跌入了卑劣、野蛮的地狱，残酷的现实仍在持续，金大为震惊，甚至一度出现了某种奇怪的恍惚。不过，他还是振作起精神，前往伯明翰主持了三名少女的葬礼。来自全国各地的各种族牧师齐聚一堂，数量之多是这个国家前所未见的，尽管金在伯明翰坐牢时曾公开致信的那些当地牧师据说无一人出席。然而金仍然激情洋溢地做了布道，面对三具棺材，他仍然宣讲着非暴力主张："历史一再证明，不应承受的苦难是带有救赎性的……这三个小姑娘无辜的血，也许正可化为救赎的力量，为这座黑暗的城市带来新的曙光。"他执意继续宣讲的话，这时居然打动了在场的许多人，实在有些不可思议，"我们决不能对我们的白人兄弟丧失信心。无论如何，我们必须坚信，即使是他们中误入歧途至深的人，也最终能学会尊重全体人类人格的尊严和价值。"

然而，即使在南方基督教领袖联合会内部，金也无法平息人们对爆炸事件的愤怒。詹姆斯·贝弗尔的妻子戴安娜·纳什（Diane Nash）坚决主张对亚拉巴马州进行一次全面的围困——实际上包围该州首府蒙哥马利，切断其与外界的一切联系，让示威者们躺在铁轨上和飞机跑道上，使进出该城的交通陷于停顿，此外发动工人普遍停工、纳税人拒绝纳税——全部目标是迫使华莱士下台，宣布他的政府"失效"，同时在全亚拉巴马发动宣传攻势，号召所有年满二十岁的黑人公民登记为选民。当戴安娜·纳什提出这一闪电战般的计划时，金不大自然地轻声笑着说："噢，戴安娜，好的，好的，别着急，别着急。咱们再想一想……"但是这一建议得到了南方基督教领袖联合会其他人员的热烈支持，他们认为这至少是对于卑鄙的教堂爆炸事件的一个积极回应，最终能潜移默化地促进全州范围内的选民登记行动。在为此做准备的过程中，南方基督教领袖联合会很快又将其行动延伸至此前并不活跃的黑人聚居小城塞尔玛。

不过，金并非没有察觉到一种令他忧郁的突变正在运动中显现出来。有一次他承认"南方的黑人现在能够将非暴力作为一种策略运用，但他们还做不到爱白人"。实际上，就在华盛顿游行前关于刘易斯演讲的那场风波前，金便已经感觉到自己不得不与运动的道德条件恶化进行斗争。一些暴烈的激进者愤怒的指责也令他劳心伤神。例如学生非暴力协调委员会的斯托克利·卡迈克尔（Stokely Carmichael）和詹姆斯·福尔曼（James Forman），他们曾发现在伯明翰的示威者正与“公牛”康纳的警察发生激烈冲突时，金却穿着睡衣在加斯顿汽车旅馆他的套间里吃着牛排午餐，因此始终不愿原谅金。这时金经常表示，自己担心的是，随着越来越多的黑人群众摆脱了旧日的恐惧，“我们要防止这种无畏转化成暴力行为的增加”，“不要因为形势发展得不够快就变得越来越激愤”。有一次在哈莱姆区的一座教堂外，他甚至遭到了人们的嘲笑，还有人向他扔鸡蛋。事后，他在接受罗伯特·潘·沃伦（Robert Penn Warren）的采访时，多少有些伤感地反思了这样的时刻——“你想起了你所面对的苦难和牺牲，而你的自己人却不理解，甚至不感激，还时刻在找机会破坏你的形象。”然而他仍然要反复应对媒体这样的问题：黑人社会的情绪是否已经反感你的非暴力信条？

怨恨似乎在美国黑人中不断蔓延，从中走出了一个高大、瘦削的人物——马尔科姆·爱克斯（Malcolm X）。

向华盛顿进军时，他站在队伍的边缘，但即便在那时，人们看到的他，仍然是眉头紧锁，面带不悦。他曾经是哈莱姆街头的小流浪儿，后来成为一名苦行的伊斯兰教传教士，并在一个叫作“黑人穆斯林”（Black Muslims）的种族组织分支中担任领导人。他一直置身于金的运动外，与之平行展开活动。他就像个愤怒的幽灵，仿佛纳特·特纳（Nat Turner）[①]或登马克·维西（Denmark Vesey）[②]再世。他的脸上总有一副像是参加葬礼的严肃表情，戴着帽子和眼镜，板条一般瘦长的身子高耸在城里贫民区街头集会的人群之上——眼里射出平淡、冷峻的光，食指刺向空中——以理智平静、深思熟虑的话语，连珠炮般地说道：“我们不想和任何犬类发生任何关系。那些两条腿的白狗驱赶着四条腿的狗，扑向你我的母亲！”

某种意义上，金和马尔科姆在60年代汹涌澎湃的黑人觉醒大潮中，将形成两股潜流，成为为美国黑人的未

---

① 纳特·特纳（1800—1831），美国黑人奴隶领袖，1831年8月在弗吉尼亚州发动奴隶起义，失败后被捕，被判处死刑并绞死。

② 登马克·维西（1767—1822），美国黑人奴隶，在自己赎得自由后，于1822年在南卡罗来纳州的查尔斯顿策划发动大规模黑奴起义，因计划泄露，起义胎死腹中，他和其他起义策划者被捕，被判处死刑并执行。

来竞争的两种不同气质的力量。假如，如某些人已经断言的，金主张以道德对抗来革新一个基本奉行种族主义、野蛮鄙俗的社会，这种非暴力斗争观念恐怕对人类的要求过高，那么马尔科姆的观念似乎就是将人性降低至仇恨、施虐和报复的最原始、最低级的地步。他曾经向他的黑人听众们疾呼，只有傻瓜“才会去爱对待自己像白人对待黑人一样的那些人”，他指斥那些折磨黑人的人是“蓝眼睛的白魔鬼”，基因决定了他们不会倾听任何道义的诉求，只能以暴力和威胁对付他们。实际上，这些种族主义的谩骂，不过是当时在三 K 党每次牧场集会上都能听到的那些叫骂的颠倒版。然而马尔科姆却成了一个经常会出现在白人社会惊异目光中的黑人人物，如同魔镜一样，照出了白人自己整体的非人性。马尔科姆这样的人物既是美国种族主义的受害者，也是其判官。而种族主义者则是自虐的动物——巨大的罪恶在很久很久以前便以某种形式铭刻在了受害者身上，使受害者也承袭了与施虐者同样的本性，当他们再度受到侵害时，便会以同样的暴虐进行自卫。马尔科姆的言论所承载的种族仇恨，正如金本人曾评述的：“与其说构成了对他本人的控诉，毋宁说是构成了对这个社会的控诉，正是这个种族关系如此根深蒂固的邪恶社会，制造了马尔科姆·爱克斯。”

金和马尔科姆真是两种迥异的文化的投影。金出身于牧师家庭，与经常上教堂、平时受人尊重的中等阶层黑人意气相投，他的支持者大多是这样的人，他们热衷于与这个国家的白人自由主义者达成协议或合作。然而马尔科姆却是另一类美国人的先知。他们生长于北方庞大的贫民区——底层黑人聚居的，充斥着妓女、骗子的，堕落、俗艳的社会，用美国黑人社会学家富兰克林·弗雷泽（E. Franklin Frazier）的话来说就是“毁灭的大城市”。他们的童年在凄凉悲惨中度过，与金在舒适、享有特权的社会中形成的教养格格不入。这些城市里的被放逐者，感受不到与这个国家其他人的联系，也丧失了个人价值感，正如美国作家詹姆斯·鲍德温（James Baldwin）当时所写的，没有了个人价值感，“他们就不能活”，“他们会不顾一切地试图夺回个人价值感。这就是所有社会最危险的创造物都是一无所有者的原因”。

虽然马尔科姆的严厉斥责在白人们看来带有无法平息的恶意，散发着威胁的味道，但他对民权运动及其领导人也满含尖刻的蔑视。他认为民权运动是违心要求被虐者与施虐者“团结”，从而达到种族融合的懦弱吁求。民权运动为黑人民众争取来的，无非是些“可以坐在咖啡馆里，和爱吹牛皮的人一起喝喝咖啡、吃吃饼干的承诺”。他尤其鄙视非暴力原则：“我认为，任何人在受到野蛮虐待时依然要容忍野蛮，而不奋起自卫，都是罪恶的……你也许见过信奉非暴力的黑人，但别把我们误认作他们中的一员。假如你扇了我们耳光，却以为我们会把另一边脸也伸过去——那么我们会杀了你，就是这样！”对于金，马尔科姆一直是非常不屑。他公开宣称金是“黑人民众的叛徒”。

金则指责马尔科姆“妖言惑众、煽风点火”，声称他那“口若悬河的长篇大论清楚地表明了黑人的绝望，却没有提供任何积极的、创造性的选择”，“只能给他自己和我们的民众带来巨大的伤害”。就仿佛他们两人是在完全不同的语境中生活和发表言论似的。他们的确见过一次面，不过是非常偶然的邂逅。那是在1964年国会辩论公共设施法案时，两人恰好在国会大厦的走廊里相遇。马尔科姆首先看到了金，他快步走到金身旁，两人开了几句玩笑，并在记者们交相闪烁的闪光灯下，短暂地紧紧握了握手。金的微笑有些勉强和虚弱，马尔科姆的笑容却很灿烂。随后他们迅速地分开，又回到各自不同的使命中。不过此后金将越来越多地受到马尔科姆幽灵般的烦扰。

这阵子，埃德加·胡佛仍在执拗地对金进行秘密监视。金仍然不肯与斯坦利·利维森一刀两断，被胡佛视为不同种族的共产党人之间沆瀣一气的表现。伯明翰事件后，当《时代》周刊提名金为“年度人物”时，胡佛在联邦调查局内部讲话时轻蔑地说道：“他们得在垃圾堆里挖多深，才能找到这么个家伙啊。”金像往常一样，在感到自己陷入困境时，便放纵于肉欲。他的淫乱行为被联邦调查局录了音。当其中的“最重要部分”配着八页概况说明被送到胡佛桌上后，他惊呼道：“这下子这个老黑完了！”后来，80年代时，有联邦调查局的特工对泰勒·布兰奇说，他们虽然没亲耳监听过金的通奸行为，但从他住的旅馆房间里录下的录音带中，的确听到了他在喊：“我在为上帝而淫。”其他爆出的猛料——包括一段据说是金在观看电视重播的肯尼迪总统葬礼，看到第一夫人杰奎琳·肯尼迪（Jacqueline Kennedy）跪在总统灵柩旁时的评论（据说胡佛迅速地将这段录音转给了仍任司法部部长的罗伯特·肯尼迪)——都极其污秽，如果属实，说明金的确处于一种疯狂的状态。

胡佛把这些录音带转录后，分发给由新总统林登·约翰逊（Lyndon Johnson）领导的政府的高层人士。然而约翰逊尽管是个典型的喜欢慢吞吞拉长调子说话的南方人，心胸却远比胡佛想象的开阔——而且他深知关于金的这些黑材料，也是来自胡佛多年来对他们所有人都使过的同样的偷鸡摸狗的伎俩——像肯尼迪兄弟一样，他也让胡佛局长失望了，他拒绝摒弃金。一些保守如甲壳动物的国会议员开始向司法部部长肯尼迪抱怨，说胡佛告诉他们金是个共产党人，也是个纵情声色者，然而司法部却阻挠他传播这一警告。实际上，联邦调查局的特工们早已将录音带中包含什么内容等机密信息暗示给了许多他们选定的新闻界人士，并提出可以提供录音剪辑——这些新闻界人士包括电视新闻网络的若干报道组、《亚特兰大宪政报》（*Atlanta Constitution*）的一些编辑、《新闻周刊》华盛顿分站的站长本·布雷德利（Ben Bradlee）——然而，引人注目的是，这些被提供的材料没有一条见诸报道，这些新闻界人士的克制现在看起来令人不可思议，当然，这也意味着金绝不可能以他当时那样的形象活到今天。

然而，联邦调查局试图泄露这些秘密的消息没过多久就传到了金的耳朵里，这使他大为震撼。他的性冲动使他撞到了胡佛手里，就仿佛胡佛现在成了要清算金的一切罪孽的代理人。胡佛认为金正在推动一场巨大的公共骗局，对此居然无人公开反对，这让他极其难受。他最终决定会见一群女记者，厉声谴责金不仅是“最下流的骗子”“这个国家最卑鄙的人物之一”，而且还受到共产党特工的“操纵”。对于女记者们来说，联邦调查局局长这番言辞激烈的劝告似乎有些莫名其妙，金对此的回应只是一个深思熟虑的平静声明，说局长“显然因其职务所须面对的沉重负担、复杂形势和巨大责任而畏缩了……我对于这个出色地服务于国家的人只有同情”。然而，南方基督教领袖联合会内部的私下奔忙却相当不平静。管理层的一些人安排金和极不情愿的胡佛进行一次会晤，以谋求可能的和解。胡佛最终同意后，金在三名助手的陪同下来到他的办公室。金显然有些紧张，会谈的气氛也很生硬，金对所有“误传的”他对联邦调查局的看法多少表示了歉意。金显然是试图以此缓和他与胡佛的关系，胡佛接受歉意的态度很冷淡，就如他在早餐时接受重煮过的鸡蛋一样，随后就会把鸡蛋扔给他的狗。接着胡佛开始了长达大约一小时的独白，说明联邦调查局以往的表现无可指责。对他来说，假装礼貌只是义务，事情根本没有完。

但是金立刻发现林登·约翰逊也有令人振奋的地方——这个高大、笨重、来自得克萨斯乡下的家伙，极其自信，感情外露，志向远大，一心想做美国历史上最伟大的总统。约翰逊心胸宽广，慷慨大方，热情洋溢地推行他的“向贫困开战”（War on Poverty）和“伟大社会”（Great Society）计划，其热情程度不亚于他请到他故乡牧场参观的游客品尝大份乳酪。约翰逊就任总统不久，便在白宫与金举行了一次私密会晤，他信誓旦旦地向金和其他民权领袖保证，他一定要使肯尼迪总统的公共设施法案“一字不改，甚至一个逗号都不改地”获得通过——他很快做到了，他的气质风度和雄辩口才仿佛有着原生态的强大威力，不过事后他也向手下表现出肯尼迪总统曾有的担心：“我想，我们这样做，就把南方让给了共和党人。”约翰逊劝金不要再发动任何示威游行，总统坚称自己的政府是可以信赖的，一定能充分保障非裔美国人的权利，这多少让金有些沮丧，因为他太想自己掌管这个国家的民权事业。

但实际上，伯明翰事件和随后的“向华盛顿进军”行动给非暴力运动带来的极高声誉，经过了几个月后，正在迅速衰弱——学生非暴力协调委员会愤怒的激进分子则乘虚而入，在密西西比州开辟了新战线。他们虚张声势的好战风格越来越激发起北方的民权运动同情者的兴趣，以致詹姆斯·贝弗尔向南方基督教领袖联合会的同事发出了警告：“人们正在丧失对非暴力运动的信心。”由于亚拉巴马选民登记计划还远未成气候，南方基督教领袖联合会开始寻找又一次重大行动的契机，以使非暴力原则再获得一次显著胜利。

正是这种紧迫性迫使金和南方基督教领袖联合会的其他领袖来到了佛罗里达州的圣奥古斯丁。

圣奥古斯丁是美国最早的城市，也拥有最古老的贩奴纪录。从其作为西班牙殖民地之初就开始贩卖黑奴，而这里成为西班牙殖民地，比北美洲第一个英国殖民地詹姆斯敦（Jamestown）还要早五十年。1964年的圣奥古斯丁是个精心维护的海滨旅游小城，居民大多靠西班牙历史遗迹谋生，其中包括棕榈树环绕下的广场一端的旧奴隶市场遗址。但是，圣奥古斯丁在其离奇有趣的古迹外表之下，却是金一直强调的一句名言的残酷例证，那就是：通过法律赢得的权利，还必须积极地，并且有时是令人痛苦地重新从现实中切实地赢得。对于大部分白人市民和市政当局，以及在城市四周大片砍伐过的林地和土豆田地上居住的白人老粗们来说，自蒙哥马利事件以来的九年，似乎什么变化也没有发生过。当地一个黑人组织冒险发动了几次小规模示威活动，提出了一些在别处都快成为老生常谈的要求，如在所有公共和民用设施取消种族隔离制，市政府和企业开放雇用黑人，建立一个由黑人和白人共同组成的委员会，等等。但白人对这些请求的回应却是，由自发组成的治安维持队一再施行暴力，在广场上焚烧十字架，用猎枪射击黑人家庭，等等。有一户黑人的汽车和另一户黑人的房子都被放火焚毁了。市政委员会担心骚乱会影响其旅游业，的确有一次答应同当地的黑人领袖会谈，然而当黑人代表们在约定时间走进委员会会议室时，却只见空荡荡的桌上摆着一台录音机，一名工作人员通知他们，有什么抱怨就请对录音机讲，委员们此后会考虑的。

金领导的南方基督教领袖联合会终于于 1964 年暮春

来到这里，发动一场运动——而我最终将作为《新闻周刊》的一名实习记者，被派来报道这一事件——当时正值圣奥古斯丁建城四百周年庆典。金等人记取奥尔巴尼失败的教训，决定继续沿用在伯明翰实施过的战略，打击白人们更为脆弱的经济利益，以逼迫顽抗的政治官员们让步。然而他们发现在发生过种族冲突的地方中，圣奥古斯丁有一个独一无二的特点：即使在伯明翰，“公牛”康纳至少还说服了三 K 党暂时克制，以便他采取行动，而圣奥古斯丁则相反，到了夏天，一切法律都被抛诸天外，警察不仅不制止暴力，反而煽动和指导民众疯狂施暴。

众所周知，当地的警长，一个圆胖、秃顶、鹰钩鼻子的家伙，名叫 L.O.［该城的黑人据此给他起了个绰号“当心”（Look Out！）］，是当地特别凶残的三 K 党组织积极的同谋。该三 K 党组织嚣张地自称为“古城猎人俱乐部”（Ancient City Hunting Club），人们经常看到其成员在戴维斯的办公室周围闲荡。实际上，戴维斯与“古城猎人俱乐部”的头目分享了驱赶示威者的执行权力。这个头目是绰号“霍斯”的霍尔斯泰德·马努西（Holstead “Hoss” Manucy）——一个养猪户，有时也贩贩私酒。

他块头很大，脸色像被太阳晒焦的火腿一样，但总是面带笑容，殷勤友善。很久以前，他还在高中橄榄球队时，戴维斯曾做过他的教练。有一次，他曾愉快地用像是被烟堵塞了的嗓子呼哧带喘地对我说："我没什么不良嗜好。既不抽烟，也不骂脏话。我唯一的坏习惯就是爱揍黑鬼。"马努西统领着一支有数千人的非正规武装，装备有民用波段电台和一门大炮，以及猎鹿步枪。城里的众多中产阶级白人市民和商人也对他畏之如虎。一名有自由主义倾向的白人居民曾悲哀地说："这群暴徒和警察唯一的不同就是警察戴着帽子。"

上午，在实行种族隔离的海滩上，经常会发生混战。路旁的沙滩上会排列起一溜破旧的小汽车。小汽车的天线上会挂起一面面小小的当年南部邦联的旗帜，迎着海风飘扬。一群赤膊赤脚的白人青年男子倚在车上，还有各种各样穿着沙滩凉鞋的女子陪着他们。他们是在等待掉队的示威者。穿着泳衣的黑人们紧紧抱在一起经过时，会遭到拳打脚踢、棍棒加身。警察冲上前来，也只是把他们包围起来，并不制止施暴。这些袭击事件还有一个特色，是女人们尖锐刺耳的叫声：一些身材瘦长，皮肤晒得黝黑，穿着各式男人衬衫，骑着自行车的女人，齐声发出一种复仇女神般的尖叫——“嘿，揍死他们，小伙子们！”——如果示威者中也有女人，就会扑向她们。于是你就会看到头发、衬衫、手爪在你面前搅成一团，撕心裂肺的叫喊不绝于耳，就像是一场猫的混战。

太阳落山后，夜间游行将从黑人聚居区的一座教堂出发，前往城市广场上的旧奴隶市场。三K党也经常在那里举行集会，发表演讲的主要是一名种族主义的巡游鼓手，叫作康尼·林奇（Connie Lynch）[①]，人如其名，是个矮小但强壮的男人，打着怀亚特·厄普（Wyatt Earp）[②]式的蝶形领结，对着话筒粗声粗气地从嘴角放出话来：“这个马丁·路西法·黑鬼[③]到了这里，应当有人告诉他，白人的宪法是为白人写的，不是为这些黑人流氓写的，他们的亲戚在非洲，请邻居共进晚餐时，还会把邻居扔进锅里炖呢。”这时游行者来到了广场，他们唱着歌拍着手，但会戛然而止，在夏天的满月下，他们像幽灵一样静悄悄地继续前进，直到数以百计的白人突然发作，对他们大

① “林奇”原文为Lynch，是“私刑，以私刑处死”的意思。

② 美国同名电影中的主人公，是一位传奇的西部警长。

③ 这是对马丁·路德·金名字的诬称，路西法是基督教传说中的堕落天使。

打出手。罗伯特·肯尼迪曾经派一名代表来圣奥古斯丁，但代表回去后却报告说，该城的人就是太狂暴，不会接受任何调解的。

在夏天的那几个星期，在为运动来往圣奥古斯丁的过程中，金已经被捕过一次。当时他和另外九个人刚刚在一家汽车快餐店露面，还没有点餐便被逮捕了。在后来的一次新闻发布会上，金表示曾试图请求司法部强力介入圣奥古斯丁以保护示威者，但得到的只是冷淡和含糊的回答。他警告说："如果我们得不到保护，那么很可能我们都要为我们的事业献身了。"实际上，金在圣奥古斯丁的群众集会上越来越多地宣称自己已做好赴死的准备，"为从永久的精神死亡中解放我的白人兄弟和我的所有兄弟姐妹，如果肉体的死亡是我必须付出的代价，那么再没有什么比这更具救赎性了"。的确，他遭遇暗杀是切实存在的危险。当金来到这座城市时，他会挨家挨户地去走访，而无论他在哪里停留，外面都会有武装警卫站岗。然而，一天将近傍晚时，我还是偶然遇见了他。他突然之间不知从哪里冒了出来，穿着长袖衬衫，随意地在黑人聚居区的人行道上散着步。他牵着六岁的儿子马丁·路德·金三世的手，周围再无其他人跟随。他停下脚步对我说："这是我到过的最无法无天的城市。我还从来没见过这样肆无忌惮的暴力。"人们刚一发现他露面，就把他团团围了起来，他的助手们也很快赶了过来。他站在路边与人们攀谈起来，有一次低头看了一眼小儿子，轻声说："喂，可别乱跑，马蒂。要跟紧爸爸。"

尽管佛罗里达州州长迄今仍认为，他派出州警察部队到圣奥古斯丁这个法律真空地带是明智之举，但就在第二天晚上，该城的广场陷入了一场十足野蛮的大暴乱。就在日落之后，当三 K 党又在旧奴隶市场上举行集会时，一支游行队伍在维维安和沙特尔斯沃思带领下，转过街角走了过来，开始沿着广场边缘行进。林奇尖叫了一声："他们在那儿！黑鬼们来了！"伴随着一阵雷鸣般的号叫，集会的整个人群——有八百多人——潮水一般涌向了棕榈树下的游行队伍。

起初他们还被一道齐腰高的栅栏与游行者隔开，而栅栏的另一边还有牵着德国牧羊犬的州警察部队组成的一道警戒线。暴徒们被阻挡住片刻，他们叫骂了一阵，但随即操起垃圾桶盖子抛向夜空，接着又直接将垃圾桶抛起，再接着是公园的长椅，继而将一个供鸟喝水的水池上的水泥碟掷过了警察的头顶。游行者这时变为两两并肩，尽可能紧密地收缩队伍，穿过暴徒们的“狂轰滥炸”。暴徒们这时仍被限制在广场的栅栏内，目送着游行者转过广场的远端，开始走向广场的另一侧。这时游行队伍已静默无声，并加快脚步，想迅速回到黑人聚居区。然而就在这时——随着一声女人的大叫：“别让他们跑了，小伙子们，揍他们！”——暴徒们纷纷亮出了家伙，有修轮胎的工具，有棒球棒、铁链子，甚至还有台球杆。他们号叫着翻过了栅栏。

整个广场一带都陷入了咆哮声中，强劲猛烈、无所顾忌、不可遏抑的狂叫，仿佛不是从人的喉咙里发出，而是从盘旋在头顶夜空中某个庞大而凶猛的妖怪口中传来的，其间夹杂着迅速而沉闷的重击声。尽管警犬疯狂地吠叫着，白人们仍然飞快地席卷了每个角落，似乎一丝一毫也没有放过。他们将黑人从游行队伍里揪出来，挥舞着拳头像砸钎子一样暴打。一个高大瘦长的女人，像是装上了喷气发动机，披头散发，张牙舞爪，厉声尖叫着冲进紧紧挤成一团的黑人少女中。到处都是乱作一团、令人绝望的痛殴。州警察部队挥舞着棍棒应付着向暴徒们发起的冲击，很快就自顾不暇。警察试图逮捕的白人奋力挣扎着，纷纷从他们手上挣脱，已被押上警车的也逃脱了，并且又聚在一起掉头反扑过来。警察惊恐地咒骂着“该死的恶棍”，一边连滚带爬地向后退却。游行者被打得踉踉跄跄，跌跌撞撞。他们莫名其妙地都一声不响，昏昏欲睡一般，眼睛直愣愣地盯着前方——但是终于有人开始奔跑，于是他们所有的人，突然之间都奔跑起来，从四周的号叫声中穿过。

片刻之后，我跟随他们跑回了黑人聚居区，突然看见金独自一人站在一座房子门廊的阴影中，没有人注意到他。他呆愣愣地望着人们像从战场上逃离的残兵败将一样，跌跌撞撞地从昏暗的路灯下跑过。姑娘们的衣服都被撕碎了，啜泣声越来越高，此起彼伏的惊叫声则像憋了好久的气终于抒发出来一样——金观望着他们，那副深受打击的表情中既有惊讶，也有恐惧，但还有迷醉……与此同时，维维安气喘吁吁、匆匆忙忙地一路小跑着，在街上蹿来蹿去，奋力制止着在各个路口聚集起来的一小股一小股的黑人青年。他们回家取了枪，打算返回广场。那一刻，圣奥古斯丁当真到了爆发一场全面的种族战争的边缘。一名黑人妇女用绷带包扎着一只眼睛，在街头大喊大叫着：“他们下毒手了。我要说，如果我们不得不战斗的话，他妈的，那就打吧！如果我们不得不死的话，他妈的，那就死吧！让他妈的非暴力见鬼去吧！”——这还只是那些天在金四周响起的呼应马尔科姆的呼声中的一个。维维安终于在一群情绪激昂的人们中央找到了金。他们正站在游行出发地，那座墙体肮脏的教堂旁的人行道上。透过鼎沸的人声，维维安俯身在金的耳旁说道：“你必须想办法让他们回到教堂里去！”有人打开了路旁一辆小汽车的门，在身后人们的手支撑下，金站了上去，他举起自己的双臂喊道：“请听我说，各位！各位，听我说！我们必须进到教堂里去，各位，所有的人都先到教堂里去待几分钟。”当大部分人开始慢慢地走上教堂的水泥台阶时，金从打开的小汽车门里跳了下来，喃喃地对安德鲁·扬说道：“我需要一部电话。这太可怕了。给我找一部电话……”

进了教堂，非暴力运动的奇迹之一便静静地发生了。在懒洋洋地旋转的屋顶电扇下，众人带着紧张、愤怒和焦躁的心情，在一片沙沙声中就座。一个十来岁的少女蜷缩在屋后的一个角落里，仍在歇斯底里地呜咽着，一位老妇人静静地坐在她身旁，用硬纸板给她扇着风。阿伯纳西走上了讲台。曾有过很多时候，他需要帮着解释为什么金没有和他在一起，这便是其中一次。他一边用白手帕擦着汗津津的脸，一边用低沉的声音说道："今天晚上，是我们的运动遭遇的黑暗时刻之一。你们经受住了考验。他们的目的，就是要伤害你们的心灵，摧垮你们的意志。但是，随他们打我们吧，随他们踢我们吧——我们要继续和平地向神献出我们的身体，以见证我们对正义的虔诚。我们决不允许任何人让我们回头。我们不会转向仇恨，我们将继续爱戴维斯先生和他的警察，还有三K党人，我们要爱圣奥古斯丁这座被仇恨充满的城市，直到自由和正义降临这里，因为我们全都是上帝在这个星球上的孩子！"这番话引发了一片高声的"阿门"和一阵激动人心的掌声。阿伯纳西又带领大家唱起了一首节奏缓慢的古老圣歌，歌声越来越响，飞出了教堂之外，就仿佛大雨来临前的一阵平静、甜美的风，吹过了酷热而令人痛苦的黑夜："上帝会关照你……无时无刻，无所不在……上帝会关照你……"歌声传到了教堂前的人行道上，仍在路灯下高声叫嚷的黑人们渐渐地安静下来，侧耳倾听——即使此时载着最后一个伤者的小汽车正离开前往医院。那天晚上令人窒息的复仇热浪，就这样化为更崇高的，最终更难以解释、不可思议的意志——不顾一切地爱，这是马尔科姆始终理解不了的。

这是金给运动带来的独特的精神和力量。那天晚上也在教堂的另一位记者评论道:“广场上那些鲁莽的白人没有意识到,马丁·路德·金才是他们最好的朋友。要不是因为他,今天也不会有那么多乡下白人走在街上。”

金本人这时却坐在宾馆黑暗的客厅中,领带松开,衬衫被汗水浸透。他在等着接通司法部的电话,乞求联邦政府进行保护性的干涉。他疲倦地低声承认道:“是的,当今晚这样的事情发生后,你或许会提出疑问:我们在对这些人做着什么事情啊?”有人从厨房里端来一杯冰水,裹在纸巾里递给他。金呷着冰水,俯身向前,对沙特尔斯沃思、扬说着话,这时阿伯纳西也加入了进来。金不停地用手向后捋着头发,最后将手抚在脖子后,对他们说:“不能再这样了。这太可怕了。绝对不能再这样了……”

然而这样的情况仍在继续。尽管圣奥古斯丁发生了众多大木偶剧院(Grand Guignol)[①]里那样的喧嚣和愤怒,但最终这里的跌宕起伏,对金而言,不过又是一个胜负不明之地——他自伯明翰事件以来的战略平衡在这里被

① 巴黎的一个剧院,19 世纪末 20 世纪初以演出如情杀、强奸等刺激情节的戏剧而出名。

打破了。白人商界不再因骚乱而被迫在民权方面做出让步，而是声称担心引发街头野蛮事件，利用暴行在谈判中进行拖延。的确有一位联邦法官对圣奥古斯丁执法官员的行为进行了冷静的抨击，并下令该城的公共商业设施废除种族隔离制，但是在该市执政的委员会投票决定遵守国会新通过的《公共设施法》(Public Accommodations Law)后，约翰逊总统的一位助手向华盛顿汇报说，该市又恢复了种族隔离制，他们仍然“声称他们害怕”。尽管金先前曾发誓，在种族隔离制废除前决不离开圣奥古斯丁，“即使这意味着身死”，但他这时反复发出的急迫宣言中却掺入了某种夸大的因素，他的吁求也降至最低：成立一个由黑人和白人共同组成的委员会，而一个大陪审团的确正着手任命这样的委员会——结果却是所有的白人成员都辞职了。最终，圣奥古斯丁的努力令人忧虑地几乎像奥尔巴尼一样无果而终，而且恰恰是南方基督教领袖联合会的非暴力行动在当时还承受不起的失败。

同一个夏天，在密西西比州，还有一场声势更为浩大的运动在进行，是由一个自称为联合组织委员会(Council of Federated Organizations，简称COFO)的激进团体，在南方腹地这个最险恶的州全面发动的。这个团体由学生非暴力协调委员会、争取种族平等代表大会（Congress for Racial Equality），甚至还有全国有色人种协进会的激进干部组成。鲍勃·摩西自从离开南方基督教领袖联合会进入学生非暴力协调委员会后，成了该组织中一个独来独往的神秘人物，他已经不动声色地在那里埋头苦干了三年，致力于选民登记活动。他住在当地黑人家里，总是挨打和被捕，他那戴着眼镜、穿着工装裤、身材看似弱不禁风的形象，几乎已被运动内部的人们视为成功的神圣秘诀。1964 年的夏天，在联合组织委员会的组织下，大批的年轻巡回牧师，有黑人也有白人，还包括大约一千名来自北方和西部海岸的学生志愿者，来到传说中种族封建主义和暴力猖獗的这个州黑暗的危险地带。他们深入到最遥远的穷乡僻壤，在黑人居住的阴郁、黑暗、悲惨的地方，建立自由学校（Freedom Schools），开展公民教育和选民登记活动，最终促成了该州一个主张平等主义的新政党的创立——密西西比自由民主党（Mississippi Freedom Democratic Party，简称 MFDP）。

的确，那是个夏天，绝非没有诗意——在密西西比河偏僻河段的仲夏夜，在由松木板围成的简陋小教堂里举行着群众集会，不停闪烁的灯光透过松木板的缝隙溢射出来，使教堂远远地看上去就像一盏大灯笼。从密密麻麻挤在教堂里的黑人群众中，传出了不知是谁编写却仿佛具有魔力的咒语，散入月光照耀下空旷的乡间原野。他们高声唱起如今已载入史册的古老圣歌：“保罗和西拉被关进监狱，他们并非无钱保释……要珍视真正的瑰宝，坚持到底！……”联合组织委员会的志愿者们将这些歌词传播到密西西比河畔，最终想达到的目的无异于在这个国家原始的低洼地带实现民主文明化。毫不奇怪的是，密西西比州本地白人对此的态度，在一个餐馆女侍者的话中表现得很典型。在杰克逊市的一家餐馆，她以真切的轻蔑，主动对一桌记者说道：“我恨不得端起一挺机关枪，把联合组织委员会的那帮家伙和他们带来的所有东西，全都一扫而光。”那的确是个漫长而凶险的夏天，到处都在发生殴打、群体施暴、爆炸、焚烧教堂、夜袭联合组织委员会工作人员居住的破败小镇上简陋的“自由之家”（Freedom House）。稍早些时候，6月的一个晚上，有三位这样的志愿者——其中两位是白人，安德鲁·古德曼（Andrew Goodman）和迈克尔·施韦尔纳（Michael Schwerner），还有一位当地黑人青年詹姆斯·钱尼（James Chaney）——在密西西比州中部的小镇费拉德尔菲亚(Philadelphia）[①]失踪了。两个月后，人们在一处供牛饮水的池塘的土坝中发现了他们布满枪眼的尸体。

金这时还在圣奥古斯丁的纷乱中忙得焦头烂额，很大程度上还没有对正在密西西比州上演的这出更壮阔的大戏发挥作用。但是在那个凶险的夏天，鲍勃·摩西邀请金到该州来，巡视联合组织委员会的计划——摩西本人尽管已脱离了南方基督教领袖联合会，但是仍深知金单是露个面，就会对孤独地散居在荒凉之地，又饱受恐怖压迫的密西西比黑人产生异乎寻常的激励作用。但是很快就传来了一阵阵令人不安的风声，说是如果金来了，三K党会杀了他。金在动身前，吩咐科丽塔和助手们替他准备了一份语气平静的辞职书，表示他不打算活着回来了。出于某种原因，自圣奥古斯丁运动以来，他心中越来越多地思考死的问题，就仿佛在那里失败后，面对密西西比张开血盆大口的致命危险，他情愿以身相殉。

金的第一站是密西西比河三角洲边缘的格林伍德

---

① 并非宾夕法尼亚州的美国第五大城市费城，只是与之同名。

(Greenwood)。这里是拜伦·德·拉·贝克威思的家乡。贝克威思因伏击并枪杀迈德加·埃弗斯而两次受审，但陪审团均因意见不一而未能做出判决。一场滂沱大雨刚过，一个热气腾腾的下午，金步行来到格林伍德的黑人聚居区。正如摩西所预料的，金仍然是美国黑人民众心目中神话般的人物，这一点立刻显现了出来。他没有穿外衣，只穿着冷白色的衬衫，沿着一路烂泥的小巷，走进一间间敞开着门的下等酒吧和小咖啡馆，邀请每一个人参加当晚举行的密西西比自由民主党的集会——“是的，好的，希望今晚的会上能见到你”——昏暗小屋中的一张张脸，都惊讶地凝视着突然从遥远的荣光中现身于他们面前的他。他继续走着，经过一排排密密麻麻、杂乱无章地挤在一起的，没有油漆、摇摇欲坠的棚屋，破旧的篱笆围着楝树下几乎空无一物、连草都不长的院子。然而金走过的地方，家家户户的门前都立刻挤满了人。消息不胫而走：“是金博士！金博士来了！是的，千真万确，他来这儿了。快来看哪，金博士来了！”当他来到新萨伏伊咖啡馆时，他周围已聚满了人。他站到一个简陋的木凳上，用他那已为人们熟知的抑扬顿挫、能发出回声的语调宣讲道：“密西西比州对待黑人，就像是对待牲口而不是对待人。但是，你决不能容许任何人让你感到自己无足轻重、没有价值。格林伍德的每一个黑人，密西西比州的每一个黑人，都有价值和尊严——因为无论白人，还是黑人、华人、印度人，无论男女老少，我们全都是上帝的孩子。你是重要的人。我希望你们每一个人，现在都大声对自己说——我是重要的人。”他一连重复了好几遍，如同奇妙的梦幻一般，人群中也低沉而连续地发出:“我是——重要的人……”

那天晚上，当金在一座黑人教堂主持密西西比自由民主党集会时，三K党就好像直接和金唱反调似的，派出一架单引擎小飞机飞过小城，撒下油印的传单，断言金离开后，该城的黑人仍然“像以往一样愚昧无知，像以往一样无人代言，像以往一样臭气熏天”。但是面对那天晚上来参加集会的大约一千五百名格林伍德黑人市民，金演说道:“我们的力量比格林伍德市或者密西西比州全部的枪的威力都要大，比全世界所有军队的全部的枪和炸弹的威力都要大。我们拥有的是我们灵魂的力量！”然而，在这样振奋人心的讲演中，人们也能听到已经耳熟的表达不满的、格格不入的怪叫，它们来自坐在教堂后排的几名学生非暴力协调委员会的激进分子:“噢，上帝！上帝，呸！”这种马尔科姆式的情绪也在逐渐地积蓄，向金发出挑战。

最后，金来到了费拉德尔菲亚小镇。施韦尔纳、古德曼和钱尼就是在这里被绑架的，此时他们的尸体还没有被发现。这个山地小镇的黑人聚居区铺满卵石的小道上，橙色的尘土飞扬，金在一个拐角处停住脚步，对我说："刚才和我交谈的那个老人，我看得出他眼里的恐惧。他们一生都生活在这样麻木的恐惧中。某种程度上，他们只要看见我堂而皇之地在这里走来走去，就能得到一些解脱，你知道，一个黑人在费拉德尔菲亚的街上走来走去，公然要求自由，而且还不害怕。"

"不过，你真的不害怕吗？"我问道。

"哼。"他只是将目光移开了。几分钟后，当我们要分别时，他伸手和我握别，他的手却令人惊讶地冰冷和潮湿，而那天上午天气出奇地炎热。

然而，联合组织委员会那个夏天的勃勃雄心最终在现实中掉了链子。8月下旬，密西西比自由民主党的一个代表团来到大西洋城（Atlantic City），出席民主党全国代表大会，挑战密西西比州全白人代表团在该州作为民主党中坚的席位。金勇敢地加入了他们，代表他们去游说，以争取该代表团被官方接受为该州唯一的民主党合法代表，无论金本人多么悲哀地认为这想法过于天真。密西西比自由民主党代表团的一位成员，是通过他们自己的党团会议的适当程序当选的，认为他们的做法完全符合政治规则，他后来回忆道:“万万没想到，我们的代表团竟然遭到了拒绝。”此时正如日中天的林登·约翰逊，非常惧怕关于民权的争执搅和了他获得提名的大会，必将导致他在已经不大稳定的南方，输给共和党的巴里·戈德沃特，于是他指示有望获得副总统提名的休伯特·汉弗莱（Hubert Humphrey）和党内的其他副手平息这一纠纷。密西西比自由民主党的代表们都被随后提交给他们的妥协性协议激怒了:他们“至多”只能获得两张选票，其余六十二名代表都将作为大会的“来宾”就座，同时承诺在下一届大会组成该州代表团时废除一切种族歧视条款。不过，金在随后举行的争吵激烈的自由辩论中，不肯建议密西西比自由民主党拒绝这一方案，认为比起此前的形势，这是一个显著的进步;然而最终，他还是表示，尽管作为一名全国民权运动的战略家，“希望你们接受这一方案”，但他承认，“假如我是一个密西西比州的黑人，我将投票反对这个方案”。然而在学生非暴力协调委员会的很多人看来，金只是又一次展示了他的小资产阶级软弱性，为了保证他本人不被体制疏远，他情愿背叛原则。鲍勃·摩西做了坦诚直率的发言，似乎明确要羞辱金那痛苦的矛盾心态："我们来这里，不是要在我们的道德中掺入政治。我们来这里，是要给政治带来道德。"密西西比自由民主党代表团投票拒绝了妥协，并立刻返回了密西西比州。

尽管大西洋城事件是一段原本无望的政治浪漫历险，对于民权运动狂热的好战分子来说，却是一场关键的、决定性的幻灭，使他们对美国政治的统治阶层及其公认的自由派领袖，如汉弗莱，彻底失望了。联合组织委员会密西西比之夏运动的一员老将称之为"天真的结束"，从今以后"情况将大不相同了"。斯托克利·卡迈克尔宣称："如果你想在内部努力，你就会上当受骗。对黑人来说，唯一有效的办法就是从外部发动破坏性复仇。"鲍勃·摩西本人则很快完全退出了运动。一天早晨，他给一位老朋友埃德·金（Ed King）打了电话。埃德·金是位于杰克逊市郊区的跨种族的图格卢学院（Tougaloo College）的牧师。摩西在密西西比州的那些年，埃德·金或许是与摩西关系最亲密的白人了。但是摩西这时却用柔和、腼腆的声音对埃德·金说，他想明白了，所有白人社会的价值和活力都已经枯竭和破产，因此如果黑人民众与白人融合，他们只能变得像白人一样堕落和空虚，此外什么也得不到，实际上，白人的文明不可避免地总有一天要崩溃——最后，这将是他最后一次同白人对话了。

一位曾经跟随过摩西一段时间的纽约杂志作家评论说："他是我见过的道德感最强烈的人。对这个世界来说，他实在是太过于讲道德了。"在随后的岁月里，摩西四处飘荡，从美国南方去了非洲，又回到美国的剑桥市和哈佛大学，甚至一度将姓氏改为帕里斯（Parris），最后他回到了密西西比州，在杰克逊市的一所高中教数学——这就是那个遥远、短暂、如闪电一般生动的信仰、暴力和勇气的时代的灵魂人物之一，有力地证明了南方的民权运动曾经体现的人文精神。

1964 年夏天之后，受到学生非暴力协调委员会不断攻讦的金，努力在摩西的道德纯洁性和马尔科姆式的愤怒间寻找着平衡——他知道马尔科姆的主张虽然可怕，但其中的确也有一些人们不易体察的真理。与此同时，记者们不断地向金透露，埃德加·胡佛企图将联邦调查局探得的他的性丑闻公之于众。金深知，假如胡佛得逞，不仅他的道德形象会轰然倒塌，民权运动也将严重受损。金这时受到很多方面事务的烦扰，也依然在为伯明翰运动和向华盛顿进军后的声望渐消而苦恼。身心交瘁之下，那年秋天他因病毒性发热而住进了亚特兰大医院。

正是在这样形势处于低潮的时候，一天清晨，他在医院的病房里被科丽塔的电话唤醒：据刚刚宣布的消息，他因为自蒙哥马利运动以来在非暴力争取民权运动中所发挥的作用，被授予 1964 年的诺贝尔和平奖。这一喜讯带来了巨大的快乐，消息一再得到证实和传扬，使他完全恢复了精神。当科丽塔和几名助手来到他的房间时，他带领所有人一起做了祈祷，对这“尘世的最大荣耀”进行感恩。他说这份荣耀不仅是授予他的，也是奖掖他们的运动的。当记者们拥到医院向他表示祝贺时，他已经基本恢复了对以往崇高目标的信心。他大声宣布道：“历史将我推到了这个位置上……如果我不能承担起我的道德责任，不能竭尽全力地进行奋斗，那就既是邪恶的，也是忘恩负义的表现。”

然而，胡佛发难了——此前他就曾因金访问梵蒂冈而大为光火："我很惊讶，教皇居然接见了这么一个堕落的家伙"——这时他更是向部下抱怨道，这样的"顶级野猫"，竟能僭窃诺贝尔奖，实在是太不像话了。金尽管起初兴高采烈，但当他在科丽塔和一个宏大的随行队伍陪同下，前往挪威领奖时，他又对胡佛的揭发威胁忧心忡忡起来。在飞行途中，金曾经对一位白人朋友冲口而出，尽管他以往曾犯下严重的出轨过错，他决心从此戒绝这样的纵欲行为。虽然那些出轨行为对科丽塔来说始终是流言蜚语，但她后来承认，"在整个领取诺贝尔奖的旅程中，他本该非常高兴的，但他却情绪低沉"，不过"他担心的是谣言会伤害民权运动"，以及"公众永远无法知晓他在经历着怎样的痛苦"。

他们一行入住奥斯陆的宾馆后，阿伯纳西夫妇为接待规格的不平等曾反复与人争吵，宾馆的保安也委婉地抱怨金的随从有一些不检点行为。特别是一天深夜，金的弟弟亚当全身裸露地在走廊里奔跑，追逐一个奥斯陆美女，指责那女人当晚偷了他的钱，这些也都令金非常不快。但是在一系列庆典中，有一次金爸爸起身为上帝祝酒，满含热泪地"感谢上帝"引导他走出南佐治亚的佃农家庭，为世界贡献了这么一位儿子，现在他只祈祷

“上帝保佑他平安”。然而，直到后来在斯德哥尔摩举行晚会时，金才从阴郁中振作起来，至少是出现了片刻的欢快时光，他和科丽塔跳了一曲华尔兹，不过这华尔兹也带着一丝淡淡的忧郁和哀婉——这是他们在波士顿作为学生开始相恋，十一年以来第一次一起跳舞（令人惊奇的是，也仅仅过了十一年，他们就登上了世界之巅）。

不过，回到亚特兰大后，金仍然感到十分压抑。一天晚上，他一言未发地失踪了，当金的家人报警后，他在亚特兰大做警官的儿时朋友最终在午夜时分发现了他。他站在一家工厂外，那里因种族间薪酬不平等而发生的一场劳资纠纷，已持续了几个星期——金当时独自一人站在黑暗的人行道上，等着和换班的黑人工人谈话。

金的内心深处始终有一个秘密的心结，决不能丧失他在蒙哥马利厨房午夜主显圣容时的那种欣喜，决不能丧失与上帝的交流。一位熟人后来对金的传记作家戴维·加罗（David Garrow）说过，他有一次偶然撞见金把自己关在一间密室里，跪在地上祈祷。但是这种神经过敏式的热情，部分是从他幼年就延续下来的。他幼时就曾因祖母去世而难过得要自杀，这都是他对过失太过夸大的性格所致。一天晚上，他曾在一条废弃的道路上看到一名招手想搭车的人，他驾车驶过了，然而好几年后，他还在埃比尼泽的圣会上为此而内疚不已："我没有停车帮助那个人，因为我害怕。"正如一位作家后来所评述的，金对自己过失的应对似乎就是迁怒于自己，"作为对这个过失的惩罚……金要承受较重的强迫症，要牺牲自我"。如今他因自己在性生活上的放荡，积聚了如此深重的罪孽，还被胡佛的联邦调查局这个阴险的"记录天使"（recording angel）大量地转录下来，死便成了更加频繁地来缠扰他的心魔，就仿佛死是他唯一的出路，能驱除他的罪孽，同时使他摆脱身边各种忧惧哀怨的喧嚣，最终完成和实现上帝在蒙哥马利向他开启的道德英雄的应许。

和金最为亲近的人都越来越担心他会幽闭在这种病态的偏执中。但是，甚至在南方基督教领袖联合会在塞尔玛新发动的选民登记运动的动员阶段已经最后成形时，据科丽塔回忆，金仍然不停地警告他们所有人，"有人会在塞尔玛遇害"，"他不指望我们能够不流血就从塞尔玛全身而退”。

## 三

还在蒙哥马利运动的时候，金就预见到，最终“我们为民权而战的主要武器将是选票”。还在那样的民权运动的发轫阶段，他就在华盛顿的一次集会上大声疾呼道：“假如南方的选民登记册上新增了三百万黑人选民……你们意识到会发生什么事情吗？”而如今，1964年，单是在亚拉巴马州，就有大约五十万黑人居民没有登记为选民，占全州达到选举年龄的黑人的百分之八十，而在南方其余的州，还有四百多万适龄黑人没有登记。南方的整个政治格局如果发生变化，影响将是惊人的。

金在领取诺贝尔奖后，应邀访问了白宫。这时的林登·约翰逊，已经是大胜戈德沃特后凭自己实力当选的总统了。金向他阐述了通过实质性的联邦立法保证南方黑人选举权的紧迫性。然而约翰逊一方面向金保证已经在为这样的立法努力，一方面又坚称这样的法案一时不可能在国会通过，因为离《公共设施法》的通过太近了。

但是扬和南方基督教领袖联合会的其他人争辩道，鉴于《公共设施法》如此顺利地在南方大部分地区得到实施，立刻开展选民登记这一决战便势在必行。而且既然伯明翰运动最终能够从极不情愿的肯尼迪手里赢得《公共设施法》，可以预期塞尔玛运动必然能迫使约翰逊进行选举权立法——况且在这个开展运动的县里，一万五千两百五十名黑人中只有不到两百五十人登记为选民。于是，在1965年新年后的第二天，金来到塞尔玛，参加了第一次群众集会。此后的几个星期，在非洲卫理公会主教派教会布朗小礼拜堂的砖砌建筑里，这样的系列群众集会将变成一场马拉松。大喇叭里日日夜夜地传出这样的声音："为了获得在亚拉巴马各地投票选举的权利……我们必须准备游行。我们必须准备成千上万地入狱……我们将在塞尔玛的街头，争取到一部选举法！"

但是金的南方基督教领袖联合会，像在奥尔巴尼和伯明翰一样，又一次要面对白人官员把持的塞尔玛市政当局的驱散。该市新任市长乔·史密瑟曼（Joe Smitherman）是个年轻的冰箱推销员，被认为是个较温和的种族隔离主义者，他和勤勉的警察局局长威尔逊·贝克（Wilson Baker）都决心采用劳里·普里切特的笑里藏刀战术（也就是追循奥尔巴尼的阴险先例）。但是贝克经常就司法界限问题与县警长吉姆·克拉克（Jim Clark）发生冲突。克拉克是个身躯庞大、健壮如牛、脾气暴躁的警察，令南方基督教领袖联合会感到幸运的是，他很可能是又一个“公牛”康纳。克拉克耀武扬威地在警服上缝了颗巨大的纽扣，上面写着“决不”，作为他对示威者简洁的回答。他指挥手下和志愿组成的民防团使用警棍来攻击示威者。他们以电动驱牛棒取代了康纳的消防水管。有一次，克拉克和手下用电动驱牛棒，将大约一百六十五名年轻示威者一路慢跑着驱赶出三英里外，从塞尔玛一直赶到了乡间的原野。

从寒冷潮湿的晚冬到早春，塞尔玛低洼单调的街道上，频繁出现游行队伍，其目的地都是县政府。克拉克和手下每每断然拒绝他们登记为选民的要求，并逮捕他们——克拉克还不时亲自上阵，与他们厮打。有一次他用警棍殴打一名身材健壮、公然挑战的中年妇女，然而对方却不是罗莎·帕克斯，反而狠狠地痛揍了他。最终金也被威尔逊·贝克逮捕了。他在狱中绝食，并不断地向安德鲁·扬发出指示，要求他丝毫不能放缓示威的节奏。金非常担心始终存在的学生非暴力协调委员会的威胁。学生非暴力协调委员会在塞尔玛也有势力，很可能在头脑发热的情况下改变运动的非暴力性质。然而，当金还在监狱里的时候，有一个人来到了塞尔玛，不是别人，正是马尔科姆·爱克斯。

随着马尔科姆与周围世界所打的交道越来越多，他的眼界也在不断扩大，他也越来越不安心于仅在黑人穆斯林聚居区的范围内活动了，最令人震惊的是，他揭发了长老伊莱贾·穆罕默德（Elijah Muhammad）与多位年轻女秘书的淫乱行为，其中有人还诞下了被伊莱贾内室庄重地称为“圣婴”的孩子。随着马尔科姆愤怒的指责在穆斯林社区内部传开，他发现自己正被某极端组织的杀手跟踪。在某种程度上，正是以上原因促使他动身乘飞机前往麦加朝圣，在此期间，他接触了形形色色、不同种族的人，得到了破除偏见的启示，正如他回国后所承认的：“白人并非天生邪恶，但是美国的种族主义社会却会腐蚀他们，使他们胡作非为。”

实际上，在此之前，尽管马尔科姆痛斥过民权运动，但他也为民权运动作为黑人社会最强大的群众运动所展现出来的壮观景象而激动。这时人们也经常能在群众集会和游行队伍的边缘看到他那高大而孤独的身躯。尽管马尔科姆依然无法接受非暴力的伦理道德，但他“正处于一个剧烈而混乱的成长阶段”，正如他见识最敏锐的传记作家之一彼得·戈德曼（Peter Goldman）日后所评述的，“他一直在奔忙中重新塑造自己”。他宣称，“致力于创建一个能够存在白人和黑人诚实的兄弟之谊的社会”，并最终“改变这个星球上现有的悲惨状况”，已成为他的新使命。实际上，出于有些模糊却又无法抗拒的本能，马尔科姆自其可怜的童年起，一生任何时候都不可能停止为争取出人头地而奋斗。

但是这时他游荡到了一个不确定地带，徘徊于他过去茫然的愤怒和仍未成形的有一定希望的未来使命之间。尽管他犹犹豫豫地向民权运动领袖们伸出了手，但他仍被排除在民权运动主流之外。在圣奥古斯丁示威期间，有一次他给金拍了一份电报，表示“我们将立刻派出一些我们的弟兄到你们那里，将我们的人组织成自卫部队……要让三K党尝尝他们自酿苦果的滋味”。金被他的主张吓坏了。

现在，金还被关在塞尔玛监狱里，学生非暴力协调委员会出于恶作剧般的心机，邀请马尔科姆前来在一次群众集会上讲演。马尔科姆兴奋地坐到科丽塔身旁，俯下身子对她耳语起来——科丽塔后来回忆说，他多少有些热切地道歉的意味——“他让我告诉马丁，他不是来捣乱的，也不是来添麻烦的”，他只是想把自己声名狼藉的形象展示在白人面前，作为对金的诉求的“替代选择”，“从而尽量使形势更有利一些”。这就好像他在努力地以自己的方式与金形成某种合作似的。

但是马尔科姆的历史却不能放过他。他仍然在被杀手追踪。他曾对朋友说，那些杀手肯定会完成他们的刺杀任务，“因为他们都是我教出来的”。他在塞尔玛的群众集会上同科丽塔交谈后没过几个星期，当他在纽约哈莱姆区的奥杜邦舞厅（Audubon Ballroom），正要起身向他为数不多的一些忠实追随者讲话时，就被一阵乱枪打死了。他就像是遭到自己的亲手伏击，死在了自己旧日的怒火上。

金后来宣称，他对“马尔科姆·爱克斯遭到野蛮暗杀”，“感到深深的悲痛和震惊”，当马尔科姆“正在转变，对非暴力运动有了更正确的理解，并且对白人更加宽容”时，他的死尤其令人痛惜。但马尔科姆之死并不能结束他们昔日观点的紧张对立。具有讽刺意味的是，杀死马尔科姆的，可以说正是他早年凶狠的个人角色——当他还在黑人穆斯林社区指点江山、酣畅怒骂的时侯，就已经成了美国白人的死对头——而他后来的归宿也是由此注定的，并且他的这一角色将越来越危及金将美国建成各民族共有的平等社会的梦想。马尔科姆虽然其人已湮，但他那狂暴而决不宽容的声音，仍然在美国各城市的市中心呼唤着愤怒的火焰风暴："你们知道白人为什么打心底里痛恨你们吗？因为每当他们看到你们的脸，他们就仿佛在镜子里看到了他们的罪恶。"

当然，金来到塞尔玛时，自己也有死亡的不祥预感。阿伯纳西后来回忆说，在他们驱车前往塞尔玛时，金曾吐露道："我相信塞尔玛将是我的死地。是时候了，也是地方了。"联邦调查局这时已决定，在他们发现金受到死亡威胁时，不再通知他。不过这是联邦调查局对大多数公众人物都沿用的办法，他们至多会通知地方当局，由他们自行决定是否关照。

而且，胡佛在暴露金的淫乱过失的企图落空后，又从窃听中得知金对他的调查行动很是苦恼，便决定采取更直接的打击。就在塞尔玛运动如火如荼地展开时，科丽塔恰好打开了一个后来被称为“联邦调查局自杀包”的包裹，上面写的收件地址是金在南方基督教领袖联合会的办公室。包裹中有一盘磁带和一封匿名信，信中写道：“金，请扪心自问。你知道你是个彻头彻尾的大骗子，你坑得我们黑人好苦……你这个放荡、变态的缺德鬼……一直在帮助你的美国公众、教会组织……都将认清你的本来面目……你只有一条出路。最好在你那卑鄙无耻的丑恶嘴脸大白于天下之前，自觉走上那条路。”科丽塔播放了磁带，里面传来了联邦调查局录下的金在旅馆房间里与同伴们聊的粗俗下流的话语，其中间杂着无疑是金在淫乱时呻吟和叫喊的声音。科丽塔后来回忆说：“我实在听不下去了，全是些乌七八糟的东西。”但她完全明白这意味着什么，心烦意乱地给丈夫打了电话，叫他立刻回家。金听过录音带后大为震惊。他连忙召来最亲近的助手一起听——他们顿时全都明白了，胡佛一直在怎样丧心病狂又苦心孤诣地算计金。“他们一心要毁了我。”金绝望地对一位朋友说道。

冬天就要过去时，塞尔玛的游行示威活动已持续了一个月，吉姆·克拉克的粗俗野蛮仍未足以激起像伯明翰那样的重大危机，而塞尔玛的黑人民众却开始倦怠了。部分上是为了让他们缓解一下，南方基督教领袖联合会在考虑将运动扩大到周边各县去。华莱士已经在那些县部署了阿尔·林戈领导的州警察部队，以补充地方警力之不足。在相邻的佩里县，一天晚上，黑人们发动了前往马里恩（Marion）县政府所在地的游行。当路灯突然熄灭后，地警察和州警察们在黑暗中挥舞棍棒，暴打起游行民众，结果一位名叫吉米·李·杰克逊（Jimmie Lee Jackson）的黑人青年，在试图挡开朝向他妈妈的重击时，腹部中了致命的一枪。

詹姆斯·贝弗尔含着眼泪离开了杰克逊的葬礼，他对一名同事说，他真想步行五十四英里，到首府蒙哥马利去质问华莱士——又一次，贝弗尔的灵光乍现，形成了决定性的一击。那天晚上在布朗小礼拜堂举行的群众集会上，贝弗尔讲述了《圣经·旧约》中末底改恳求以斯帖去见波斯国王，说服国王让犹太民众免遭灭绝阴谋的故事。贝弗尔说现在在亚拉巴马，乔治·华莱士就好比那个国王，而“我必须去见国王！”。集会民众群情振奋，全都站起身来，贝弗尔大声疾呼道：“做好准备，走到蒙哥马利去！做好准备，睡在公路上！”尽管这时金尚在纽约会见支持者，贝弗尔仍然向记者们宣布，下星期天他们将从塞尔玛出发，向蒙哥马利进军。贝弗尔就这样独自启动了一场不可遏抑的大规模群众行动，他总能以看似鲁莽的弃子战术获取优势，他的这种天赋一向是为金所厚爱的。不过贝弗尔和霍齐亚·威廉姆斯一起给金打了电话，劝他不要参加进军行动，因为华莱士已经公开叫嚣，林戈的部队将“采用一切必要手段”来阻止进军。

在3月初的那个春寒料峭、冷风刺骨的星期天，霍齐亚·威廉姆斯和约翰·刘易斯带领着一支大约五百人的游行队伍，从布朗小礼拜堂出发，走向横跨亚拉巴马河的埃德蒙·佩特斯大桥（Edmund Pettus Bridge）。他们走上高高的桥拱时，看到河对岸通往蒙哥马利的四车道公路上，阿尔·林戈上校的州警察部队和克拉克警长的手下，已经密密麻麻地严阵以待。接下去出现的景象，就像是展开了一幅长长的、残酷恐怖的暴力图卷——戴着防毒面具的林戈部下们凶猛地扑上来，棍棒交加，游行队伍中无论男女纷纷倒下，连滚带爬地向后退去。刘易斯也被击倒了。一阵催泪弹后，克拉克的骑兵发起了哥萨克般的冲锋，最终将示威者一路赶回了布朗小礼拜堂。大约七十名示威者受伤，其中十七人被送进了医院。

当天晚上，所有美国人都从电视新闻上看到了这番景象。

金突然之间迎来了自己的第二个伯明翰。几天后约翰逊在一次新闻发布会上宣称：“塞尔玛发生的事情是美国的悲剧……对和平的公民施暴，而且还是在他们自己城市的街上，是绝对错误的。否定任何美国人的选举权，也是错误的。”约翰逊宣布将在接下去的星期一向国会提交一项选举权法案。与此同时，金向全国发出号召，发动第二次向蒙哥马利进军行动。年轻的牧师、家庭妇女、热衷于运动的积极分子、工会的中坚分子、大学生，纷纷像朝圣一样汇聚到塞尔玛，如动态的壁画一般呈现出当时美国的良知——他们当中有一位来自波士顿的白人一神论派牧师詹姆斯·里布（James Reeb），一天晚上在塞尔玛的一家咖啡馆外遭到一帮白人的棍棒袭击。他很快就被打死了。

但是这第二次向蒙哥马利进军行动却突然遭到了拦击。联邦地区法官弗兰克·约翰逊是个品行端正、刚直不阿的人，过去一直是华莱士的死对头，是支持运动的坚定的民权立宪主义者，这时却出人意料地表示，他将发布一项限制令，禁止任何进一步的游行，直到就官员制止游行是否合法举行一次听证会。金又一次陷入进退维谷的境地，已有上千人聚集到塞尔玛，准备参加第二天上午的进军行动，而运动又长期在实际上依赖于联邦法院，那么他是否要挑战联邦法院的权威呢？金在他住所的厨房里同政府特使约翰·多尔（John Doar）和勒罗伊·柯林斯（LeRoy Collins）进行了通宵磋商，最终同意只举行象征性的进军，以避免直接违犯约翰逊的禁令，也就是说，当游行队伍到达州警察部队拦阻的地方时，便掉头返回布朗小礼拜堂——林戈和克拉克也同意这一安排。那天金带领游行队伍——这时已达到两千人——跨过了桥，直到警察部队的队列前，停下来祈祷并高唱起《我们必胜》。然而当他们掉头向教堂进发时，林戈的部队却突然向两旁闪开，将通向蒙哥马利的公路大大敞开，显然这是根据华莱士的命令采取的令金尴尬的行动。

这次游行很快便被揶揄地称为“星期二掉头行动”，的确在那些不知道金不情愿地与多尔和柯林斯达成了妥协的人们当中引发了惊恐。当金支支吾吾地解释这一行动时，他选择了完全隐瞒这一妥协，坚称“不存在任何事先达成的协议”，只是“我们一致认为不能突破底线”，并且“知道我们到不了蒙哥马利”。但是此举却在学生非暴力协调委员会的激进分子当中引发了怨怒。他们公开地对金冷嘲热讽。比如詹姆斯·福尔曼便指责金“制造了一个愚弄人民的经典范例”。

尽管如此，当接下去的星期一晚上，金从电视上看到约翰逊总统向国会提交选举权法案时，他仍然激动万分。约翰逊用他那素有的拉长而慢吞吞的语调说，最近的一些事件显示，美国黑人“甘冒安全危险、甚至生命危险的勇气，唤醒了国家的良心”。尽管自蒙哥马利事件以来历尽坎坷，但这就像是对金从那时即产生的信仰的最高肯定：相信正义的力量，相信同邪恶进行公开的非暴力斗争的力量，以唤起更大范围的社会的羞耻心和援助。那天晚上，约翰逊继续说道：“不仅是黑人，实际上是我们所有人，都必须克服偏执和偏见给我们留下的极其有害的遗产。我们必胜！”当他说到这里时，金已经热泪盈眶，这是他的所有助手第一次看到他当真哭了。现在，运动的灵魂，多年来寄附于南方各地乡村小镇的示威游行和群众集会中的灵魂，终于找到了通往总统办公室的路，从那里通过一个地地道道的南方口音传向了全国。

是塞尔玛架起了这一通途，从这个意义上来说，经弗兰克·约翰逊法官批准后，随之进行的从塞尔玛到蒙哥马利的进军，更多的是一场庆祝盛会了。进军队伍从塞尔玛出发时，人数已有三千。金的两旁排列着宗教界和运动的领袖们、美国劳工总会与产业劳工组织（AFL-CIO），身后跟随着各界的名人，就仿佛华盛顿进军一年半后在南方腹地的重现，这也是对金自伯明翰运动以来被神化的形象的再一次肯定。按照法院的判令，每天游行的人数不得超过三百人。游行队伍穿行于亚拉巴马春天的阵阵细雨中，五天后，在经历了清晨的一场滂沱大雨后到达蒙哥马利，这时队伍已扩大到两万五千人，浩浩荡荡地涌进市中心，经过德克斯特街教堂——仅仅九年前，金就是从这里领导了运动的开端，尽管他一开始还有些犹豫——来到华莱士所在的州政府大厦前。运动最初只是一场挑战州政府权威的战斗，如今已扩大到整个南方，并开始向全国其余地方扩展。人们不时隐约地瞥见华莱士的身影在他办公室的软百叶窗后向外张望。金向面前的人山人海宣告："现在，我们站在亚拉巴马州的权力机构之前，发出自己的声音——'我们决不允许任何人让我们回头！'"最终他提到了自己在奥尔巴尼运动中的克制："我知道，你们中有人今天在问我'会有多久？'……不会太久的。因为被按倒在地的真理必会再起。有多久？不会太久，因为任何谎言都不可能持久……有多久？不会太久，因为我的眼睛已经看到了来自上帝的荣光！……”

那天晚上，一位来自底特律的白人家庭妇女维奥拉·刘易佐（Viola Liuzzo），一位五个孩子的母亲，在开车送一名南方基督教领袖联合会的青年黑人工作人员返回塞尔玛时，遭到驾驶另一辆小汽车的四名三K党徒的伏击，刘易佐太太头部中弹而死。至此，塞尔玛运动已夺走了三条生命，不过，尽管金本人确信自己会死，他却仍然活着。

几个月后，《选举权法》在国会通过，其中有在联邦监督下进行选民登记的条款，这将在政治上使南方改天换地，仅仅九年前，在蒙哥马利公共汽车抵制运动时，这还是根本无法想象的。

事实上，甚至金所领导的像塞尔玛和伯明翰这样胜利的运动，都没能使其发生地的状况立刻产生重大变化，很多当地黑人居民和民权工作者都感到——如其中的一位所抱怨的——金就像一阵疾风，“来得快去得也快”，简而言之，他们是被利用了。某种程度上，他们的确是这样，为产生全国性影响而做了对抗工具，但是《公共设施法》《选举权法》，最终将彻底改变斗争发生地和其他所有地方的黑人的生活。要想估量其价值有多大，只需想想自金的运动后，南方发生了多么深刻的变化即可。

的确，十五年后，在任何新近来南方四处走走的人看来，都像是已过去了整整一个世纪。公共生活中的种族融合——无论在餐馆、商店、学校，还是在体育场馆、影剧院——不仅随处可见，而且寻常普通，其平静和谐，几乎到了无须注意的地步，实在是一个奇迹。同样，在公民生活中，黑人进入权力机构任职，也已从不可想象之事变成了理所当然。在南方很多地方，甚至最终包括伯明翰，都已有黑人警长、黑人市长等。1980 年时，亚拉巴马州立法机构中的黑人议员，比例已经超过了美国大部分州。相应地，随着黑人注册选民的激增，南方一些臭名昭著的老种族隔离分子，如斯特罗姆·瑟蒙德（Strom Thurmond）等人，也开始对他们所在州的非裔人口表现出异乎寻常的关怀。而在南方政治变形的所有奇观中，也许最不可思议的，要数与乔治·华莱士有关的那些了，尤其是他在 1972 年遇刺严重受伤后——距他堵在亚拉巴马大学校门口拒绝黑人学生入学已过去十年，他在该校操场中央为当选返校节皇后的黑人女子加了冕，他和在亚拉巴马州各地担任市长的黑人热情握手，笑容极其灿烂，他还亲吻了塔斯基吉市（Tuskegee）黑人市长的白人太太的面颊。

无论如何，这毕竟提出了一个问题：人类根深蒂固、不可调和的往日怨怒，持续得多么短暂？同样发人深省的还有，也许正是在长期作为整个国家驱除奴隶制原罪的周期性斗争战场的南方，美国历久不渝的种族分裂问题才能首先获得解决。无论多么不稳定和无把握，这似乎都是金的运动一开始就怀有的幸福社会梦想实现的开端，而如果没有非暴力精神，这种奇迹是不可想象的。即便如此，虽然南方的变化开始将白人从此前几代人的恐惧中解放出来，却仍然未能消除黑人三个世纪以来作为下等人的心理阴影的影响——也没有消除那里继续妨碍政治变革的经济差异。最终，金的运动未能完全将南方的黑人带到迦南之地，但是为他们开辟了通往那里的道路。

金在塞尔玛的胜利，实质上构成了他的运动经典的南方阶段的结束和祝祷。他对美国社会的整体观点，自始至终在变得越来越激进。他自蒙哥马利时代起的老朋友和共同的幻想家斯坦利·利维森，称赞他“是第一个关注到美国真正横断面的重要人物”，并强调，因此“他也是这个国家最有力量的人物之一——现在他不仅是黑人的领袖，也是数以百万计的白人的领袖了”。虽然金本人坚持“不对任何政党或强大的利益集团负责，但美国还没有人能走通这条路”。利维森对金说，他现在领导着“罕见的独立运动之一”，“是美国现时唯一唤起了该国优良的民主本能的运动”，不啻“这个国家今天伟大的道德力量”。

的确，金已经开始将他的社会使徒作用扩大到南方以外的地区，正如安德鲁·扬所说的，“这时他已经为经济公平与世界和平全面开战了”。就此而言，早在肯尼迪政府发动猪湾事件时，金就宣称：“出于某种原因，对于世界上发生的……反对殖民主义、反动独裁和剥削制度的革命的意义，我们并不能理解。”继而，在塞尔玛运动期间，金在霍华德大学演讲时，首次当众谴责了越南战争，呼吁通过谈判达成协议，来结束发生在那里的“一事无成”、却像癌细胞转移一样的暴力。这样的情绪在许多人看来是非常令人不安的，然而，金在致南方基督教领袖联合会同事的一份备忘录中进一步提出，在美国内部，“我们正从事一场社会革命……为美国社会这座大厦，带来某种根本性的结构变化”。当时南方以外的大城市里像马尔科姆成长的贫民区，已经开始零星发生愤怒的骚乱，而就在塞尔玛运动之后的那个夏天，洛杉矶的沃茨区（Watts）爆发了暴乱和放火事件。用贝亚德·拉斯廷的话来说，金访问了那里，但“绝对是什么也没做”就离开了。金后来称之为“权力得不到保障的人反对特权阶层的阶级暴动”，并承认他已意识到，虽然运动“在中等阶层那里取得了进展，但底层群众仍然没有多大改变”。于是，塞尔玛运动刚刚结束，南方基督教领袖联合会中的一些人——尤其是贝弗尔和新加入的杰西·杰克逊——便开始恳求金在北方的芝加哥开辟新战场，而金最终是无法拒绝的。

实际上，他已经表现出的焦虑甚于以前，并且将在他人生最后一项大事业“穷人运动”（Poor People's Campaign）中达到极致。他宣称“社会和平必然来自经济公平”，他提出“向贫民窟、劣质教育、不良医疗……以及整个贫穷文化，展开大规模进攻”，以纠正过去的经济制度对黑人和白人同样的掠夺。他对工作人员送给他的一份统计资料深感震惊。资料显示，美国的大多数贫困人口实际上是白人。他很快便决定，运动必须倾向于同样救助“所谓的穷白人”。

这个更大的社会使命，一向蕴藏于金的胸怀中，多年来经常倾听他教诲的人都不会感到奇怪，甚至他在挪威领取诺贝尔奖时，都曾说过美国“可从北欧的民主社会主义传统中借鉴很多”，“比如你们克服许多社会问题和经济问题的方法，而这些社会问题和经济问题是令一个强大得多也富裕得多的国家深感困扰的”。但是在致力于这一终极雄心时，金将进入一个完全不同的斗争阶段，甘地式的以大规模群众抗议的道德力量来反抗统治利益集团的模式将比在南方采用得还要少：在这样的斗争中，无法求助于更多的良心支持和政府关切来排忧解难——这将是一场真正的民事冲突。利维森也警告过金，进入这样一个大得多的领域将是多么危险。这样扩展战线，几乎肯定要严重损害同情者联盟——如北方的自由主义力量及其在华盛顿的代表——而他们对南方解放黑人的运动是不可或缺的。利维森还警告说，这样的联盟仍然“基本上是一个要求稳健改良……而不要激烈剧变的联盟”，而且，“今天的美国，还没有准备好对其经济和社会秩序进行彻底的重组”。假如金在这时将运动导往这一方向，那“必将走上绝路”。

然而金仍将一往无前。也许他在伯明翰和塞尔玛被神化，使他认为自己是摩西式的人物，须带领他的民众离开奴役他们的南方这一旧埃及，但是这一宏大的愿望“将大规模地对抗国家级的权力结构”，他也将完全进入他的悲剧轨道。

# 极远之地

## 一

于是在塞尔玛运动之后，金以在南方时的工作精神，开始着手整个美国社会的“道德重建”了——这场目标更为远大的斗争，第一个战场选在了芝加哥。

某种程度上，芝加哥是这个国家的大城市中最为美国化的城市。位于美国北方的心脏地带，庞大、喧闹，恰好又时常被人们称为“北方的伯明翰”——一个非法定、非正式的庞大独立王国，但仍然有严格的种族区域划分。其三百五十万人口几乎三分之一是黑人，其中约一半生活赤贫，他们大部分居住在城市南边和西边像陀思妥耶夫斯基笔下的那种贫民区里。1965 年夏天，不仅是这里和沃茨区发生了骚乱，南方之外的许多城市，如费城（Philadelphia）、泽西城（Jersey City）、罗契斯特（Rochester）等，都发生了骚乱。运动的成果激起了各地人们的期望，而这些期望此时已超越了实际的进展，特别是在贫民区，一时还根本不可能实现。随着全国性危机的发展，金宣称，“向北方灌输非暴力思想”迫在眉睫。如安德鲁·扬所说:“我们必须将成果——非暴力的成果送进一座北方城市——以保护非暴力运动。”如果不能在芝加哥做到这一点,那就很可能意味着金的运动会被贬低为地区性且过时的,只在南方具有意义,因而不可能作为一种民间力量来解决令城市黑人群众愤怒的问题。然而金表示:“如果我们能打破芝加哥的体系,就能打破全国任何地方的体系。”

这时,当地的民权运动积极分子已经组织起来,与南方基督教领袖联合会联手,发起了“芝加哥自由运动”(Chicago Freedom Movement)。金宣布该运动将“让那些致力于制造和维持贫民窟的势力无条件投降”。由于大多数白人满不在乎地认为“黑人生活标准低下是经济结构问题”,金宣称,“芝加哥自由运动”将采取“大规模行动”,如南方基督教领袖联合会的一份工作报告中所描述的,“揭露剥削机构,画出在全世界到处困扰我们的恶魔嘴脸”,“建立一种必将使美国发生变化的良知的联盟”。

这无疑一向是金在南方的运动所依循的道德方程式,但是芝加哥的运动从一开始,就有人怀疑从南方富有精神热度的发源地到气候不同的北方城市,运动在多大程度上能够成功移植。贝弗尔曾说:“芝加哥的房地产商就相当于南方的华莱士和吉姆·克拉克”，“你甚至不用对芝加哥的住房建设进行理性思考，你只需在电视上表演表演就行”。尽管如此，金似乎仍然期望不要太过简单地理解这次运动：他们这次不是针对某个具体的敌手或者某个恶劣的事件，而是要“同罪恶的制度作战”。这种制度在美国内部制造了一个“第三世界”——贫民窟社会，“相当于一个国内的殖民地，其居民在政治上受压迫，在经济上受剥削”。

但是在所有这些要解决“制度”问题的豪言壮语中，恰恰隐藏着问题。南方基督教领袖联合会的工作报告承认，在像伯明翰和塞尔玛这样的地方，有可能“将问题简化到每个善良的市民，无论黑人还是白人，都能够回应和认同的地步”。但是种族主义的结构已经渗透在芝加哥和美国其余地方的生活中，比如就业、住房和教育方面，且不提像南方那样明显的种族主义法则，由于是作为习俗和态度等更无形的体系存在，所以依然厚重，并且更难捉摸、更难对付——就像是一股模糊、恶毒的烟雾。

金承认北方“在隐藏、微妙和秘密的伪装中，存在着深深的偏见和歧视”，“消灭居住着数百万人的贫民窟，远比在公共汽车上和便餐馆内取消种族隔离制要复杂得多”。为此，芝加哥运动将动员贫民窟的租户“团结起来”，开展拒缴租金活动，以反抗顽固的房东和管理城市住房的冷漠官员，此外还将举行大量非暴力游行。

这些群众游行更大的目标包括，要求市政府主管房屋的机构致力于翻新廉租房，并在贫民区内外建设新的住房小区；迫使借贷机构、房地产代理机构、企业和劳工管理机构、城区改造机构和市政府同心协力、义无反顾地为消灭芝加哥的贫民区而努力。然而在这项事业中，金将遭遇的是星云般浩大的势力和利益，大山般强硬的反抗，但却找不到一个像华莱士或“公牛”康纳那样能激起人们兴奋的明显对手。戴维·哈伯斯塔姆写道：“在以往的战斗中，他的神奇力量来自于他能使他所反抗的邪恶势力被夸张地报道”，然而在芝加哥，他最终面对的是“一股看不见的邪恶势力”。

除此之外，他试图将他在南方的运动中教士的启示传授给北方的黑人。贝弗尔自己承认，北方的黑人“愤怒甚于恐惧”。有一次盛夏时分，在芝加哥，一伙年轻人打开了一个消防水龙头想冲冲凉，警察蛮横地关上了龙头，于是一场骚乱便开始蔓延。金努力想使闹事者平静下来，然而他们却没有像密西西比或亚拉巴马的黑人那样恭敬并从命，而是对金冷嘲热讽、鄙夷怒骂。正如阿伯纳西后来所回忆的，金平生第一次“既无法以其口才说服他们，也无法压制他们”。无论金与芝加哥大多数黑人领袖之间如何融洽，他与贫民区民众的交流始终薄弱。有一次他曾解释道，困难的是“你不可能既与贫民区的居民们亲密交谈，同时又不把许多白人吓死”——这一差别预示着在北方形成种族之间的亲密关系比在南方希望还要渺茫。

最后，金要将运动向芝加哥扩展，还得与该市市长理查德·戴利（Richard Daley）马基雅维利式的阴谋诡计做斗争。戴利是个结实健壮的人，身材像根粗大的雪茄。他通过一个强大的政治机器来进行统治，这个政治机器由层层荫庇构成，有垂直式的组织筋骨，并与民主党紧密结合，是金此前从未遭遇过的更为庞大和精密的权力集团。戴利也将证明自己非常精明，不会像南方那样时常公开使用武力为金在芝加哥的冒险提供轰动的抵抗场面。

起初，戴利煞费苦心地通过他在黑人社区的代理人，试图消除民众对金远征芝加哥的支持，然而当发现不可能后，他又在金到来之前给金打电报，热诚地邀请金私下会谈，暗示金芝加哥的民权状况远比他想象的要令人欣喜。继而为了影响公众欢迎金到来的情绪，戴利声称“我们所有人都要为消灭贫民区而努力”，并很快宣布一项新城市建设计划将于次年年底完成。作为其开端，在金透露他将安家在贫民区的一幢公寓后，一大群油漆匠、木匠、泥水匠和电工被派到了那里，迅速将那片地区的所有房子都粉饰一新，以致当地媒体纷纷开起玩笑，说金只要不停地搬家，就能拯救全芝加哥的贫民区。

然而，在一开始与金和一个民权运动领袖代表团的谈判会上，戴利强硬地拒绝采纳他们为更全面、更系统的改革提出的任何专项建议。随后，他向媒体抱怨，金的人对他们自己提出的问题都没有实质性的答案，而无论如何市里已在努力解决这些问题——继而他宣布了更多的他本人的一些反贫困措施，同时表示将在黑人社区各处发放资助和补贴。一名老练的芝加哥民权斗士罗伯特·卢卡斯（Robert Lucas）后来回忆道：“当这是一场要求消灭贫民窟、老鼠和蟑螂等的战斗时，戴利一口答应，噢，没问题。戴利派出了他的全部巡视员，毒死了大批的老鼠。然后他就举行新闻发布会，把我们的功劳全都记在了他自己头上。”对于戴利的这种狡猾的“合作”，安德鲁·扬最终不得不公开地承认："这里的麻烦是没有对抗"，不像在南方，"他们经常能制造出打断广播网正常节目的突发新闻来"。在经过了平安无事的几个月后，到了1966年的夏天，戴利的花招使得运动所有明显的成就都变了味。金指责戴利试图"耍弄我们"，对他发出了警告，但在当时的情境下，这警告听上去更像是乞求。他说戴利"不明白如果没有改进，并且不能迅速有所改进"，就会"给好战团体打开大门，并让他们站稳脚跟"。金说，现在示威不得不升级，尽管仍是非暴力的，但将使人们已经习以为常的城市日常生活产生更大的错位——然而，金呼吁道："你们愿意做出怎样的选择呢？是这样，还是暴乱？"

暴乱的确很快形成了，但却是另一种局面。"向贫民窟开战"的运动因戴利先发制人的把戏而连连受挫，卢卡斯说："我们决定去白人居住区游行，要求开放式售房。因为他没有办法拒绝我们的这个要求。"运动所提的要求中已经包含了取消房地产交易中的种族歧视；银行在发放抵押贷款时，也必须同样取消种族差别；芝加哥必须严格执行已经存在的开放式售房法规，使之对房主和经纪人同样适用。随着芝加哥运动的重点转向这个方面，金指出，"真正的平等，要求大规模地改变占人口多数的白人的生活方式”。但是金如果挑战芝加哥种族各自封闭的居住区，就会使自己陷入美国种族隔离制度也许最棘手的战线，一条他在南方从未冒险面对过的战线——无所不在的、实行种族隔离的社区。正是这种社区的分离，使种族隔离像不断扩展的断裂带一样，伸进了学校教育、就业，遍及美国社会的所有经济和社会阶层，从而撕裂了整个民族共同体。这仍然是美国最难弥合的种族裂隙，恰恰是因为这与美国白人的私人生活关系最为密切。

随后的争取开放式售房的游行，涌入了芝加哥白人社区——由波兰人、立陶宛人、德国人、爱尔兰人、意大利人聚居的一块块飞地拼接起的居住区——清洁的街道，遭到排炮齐射般的砖头和瓶子的袭击。发动袭击的暴徒号叫着：“你们这群猴子！……杀死他们！……白人有力量！”杰西·杰克逊的面部被一个水泥块击中。游行者和他们的领袖停在路边的小汽车被掀翻并焚烧。金有一次被一块石头砸中了太阳穴，不得不弓着身子跪倒在地片刻。后来，他对新闻记者说，他在南方参加了那么多游行，“还从来没看到过这么多人的脸上呈现出这样的深仇大恨……今天算是见识到了”。他实际上是见识到了美国种族主义最深处的现实。

接下去的一个酷热的夜晚，在芝加哥西部一个教堂里举行的集会上，杰克逊一时冲动，突然宣布要到尤为野蛮的芝加哥郊区白人居住区西塞罗（Cicero）去游行。到那里去肯定会引发大劫难，但他只是对新闻记者说了一句："我们知道会有暴力。"一位当地运动组织的工作人员后来回忆说，杰克逊一时兴起的莽撞宣言，令南方基督教领袖联合会的领袖都感到"很受伤"，但他们别无选择，只能准备去游行。"我们不仅将在西塞罗行走，我们还将在那里工作和居住。"金断言。不过，前往西塞罗的游行最终未能成行：单是想象中的恐怖景象，便迫使戴利连忙提出进行实质性的谈判。

接下来，运动领袖与芝加哥政界、金融界的管理人举行了两轮会谈。在第一轮会谈中，戴利大声朗读了运动方的全部要求，令金及其伙伴吃惊的是，他立刻宣布市政府每条都接受——通过这轮会谈和下一轮会谈，戴利还连蒙带吓地逼迫芝加哥民事机构的其他成员，以及银行业和房地产业的代表也表示同意。随后，金热情洋溢地宣称，这个"峰会协议"对开放式售房做出了"深远而具有创造性的承诺"，形成了"此前从未设计过的最宏伟的计划"，使得"彻底消灭住房方面的歧视成为可能"。金说，因此运动将“暂停就开放式售房问题而在芝加哥举行的社区游行和示威活动，只要这些保证的计划得到实施”。

但是没过多久，人们便看出，这又是市政府方面一个虚伪的花招。协议退化成只反映了一种美好的意图，没有任何时间表——但是不妨碍金依然宣扬他的芝加哥之行看似取得的成果。卢卡斯三十多年后仍然耿耿于怀：“协议什么也没说。没有任何实施办法，没有任何约束力。什么也没有。”权威媒体的评论纷纷哀叹，金在芝加哥发动的漫长战役最终“只取得了纸面上的胜利”，证明“迄今为止，金在组织方面更多的是失败”。金本人后来也曾向一名助手承认，“协议应该规定得更具体明确一些”，并公开指责“市政当局在兑现开放式售房协议中做出的承诺方面，表现得很不积极”，他还威胁要恢复游行示威。实际上，芝加哥运动后，金和他的一些维护者辩称，这项协议并不比伯明翰协议更含混，迫使这样的协议最终得以实施的责任，落到了当地组织身上。然而，一些参加过芝加哥运动的人抱怨说，黑人社区感到“被出卖了”；有一个人写信给金，说协议“令人深受打击”，给人们带来的只是“迷茫和困惑”，和一种被“背叛”的感觉。几个月过去了，人们仍未看出协议得到执行的任何迹象，当地一些激进分子持续发动了一些小摩擦，但也只产生了微不足道的影响。该城的面貌——贫民区的隔离、肮脏和败坏，白人区像圣所一样不可侵犯——差不多依然如故。卢卡斯宣称："毫无疑问，金在这里吃了败仗。"令人难以置信的是，失败在很大程度上是金几乎重蹈了他在奥尔巴尼铩羽的覆辙——轻信了一项徒有其表的虚伪协议。

阿伯纳西回忆说，芝加哥"是场令人痛苦的经历，我不清楚马丁后来是否从中恢复了过来"。他曾向几位新闻记者透露过，芝加哥运动让他更加确信，遍及整个美国社会的种族主义是何其根深蒂固和难以撼动。在加利福尼亚，选民们已经以压倒性多数通过了第十四提案（Proposition 14）——撤销该州所有开放式售房的法律；曾经公然站在亚拉巴马大学门口阻止黑人学生进入的乔治·华莱士，优哉游哉地参加了总统竞选，竟然令人吃惊地险些赢得威斯康星州、印第安纳州和马里兰州的初选——其竞选过程揭示了美国白人中种族主义情绪有着多么广大的潜在基础。在1966年夏天克里夫兰（Cleveland）的霍夫（Hough）黑人聚居区爆炸起火后，1967年共有二十三座城市发生了骚乱，包括纽瓦克

（Newark）和底特律的大暴乱。这些事件最终促成了《克纳委员会关于社会失序问题的报告》（Kerner Commission Report on Civil Disorders）的产生。其著名的调查结果是，这些发生在城市中心区的骚乱，很大程度上须归咎于系统性的白人种族主义，无可改变地将美国割裂为“两个社会……分离且不平等”。

金本人也在一次伯明翰战役周年庆典上承认：“美国白人根本不想取消住房和学校方面的种族隔离，也不想在就业问题上对黑人一视同仁。”他开始滔滔不绝：“现在，我们将着手对美国以往的种族主义等级秩序进行改造。”他在一次讲演中宣告：“自由从来不可能由压迫者主动赋予，必须由被压迫者努力争取。”总之，正如戴维·哈伯斯塔姆当年所评论的，芝加哥之败使得金“比五年前任何人所能想象的更趋近于马尔科姆——也离他的传统盟友更远了……”

## 二

甚至在芝加哥奋战还没结束时，就已经有很多人认为历史已经将金甩在了背后，民权运动正在从道德斗争转变为单纯的力量角逐。按照这种观点，金的非暴力改革运动已经走到了穷途末路，其信号便是1965年，在亚拉巴马州苔藓遍生、人迹罕至的乡下朗兹县（Lowndes County），成立了黑豹党（Black Panther）——这是学生非暴力协调委员会和斯托克利·卡迈克尔政治暴动的手笔。身材瘦长的卡迈克尔被认为是黑人中的罗伯斯庇尔，他最终排挤掉文质彬彬的约翰·刘易斯，当上了主席。“我不想向白人乞求任何我值得拥有的东西，”卡迈克尔怒吼道，“我只要去拿！”洋溢在北方自由主义沙龙里的运动的浪漫主义倾向，开始被像卡迈克尔这样的鼓动家夺去风头。他们对非暴力道德的功效极力冷嘲热讽。他们以马尔科姆式的心态，最终痛苦地认为，人类社会的状况就是一场无可救药的种族对抗。金的四周似乎到处都在发生这样的情况，实际上很像是马修·阿诺德的名诗《多佛海滩》（*Dover Beach*）中描述的信仰之海的退潮：退到只剩下愤怒的赤裸碎石滩。而继承了那些空洞无益的思想的，是一些行动迅速、热情似火、信奉存在主义的革命分子，如学生非暴力协调委员会。他们本能地反感与既有利益集团进行任何严肃的交流；他们除了单纯的行动什么也不相信，显示出某种无政府主义倾向。

詹姆斯·梅雷迪斯是第一个被密西西比大学录取的黑人学生。在联邦军队平息了长达一夜的骚乱后，他得以入学，但他始终是个孤僻、自闭，有些古怪的人。在金领导的芝加哥运动还在进行中时，梅雷迪斯独自做出了一个决定，一个人游行示威从田纳西州的孟菲斯到密西西比州的杰克逊。他说这既是对该州恐怖统治的蔑视和挑战，也是对黑人大众士气的鼓舞。但他在步行的第二天，便遭到了枪手的伏击，中弹受伤。运动的一些领导人，包括金和卡迈克尔，决心替他完成游行。他们在密西西比州警察部队烦躁而粗暴的护送下，沿着公路前进。枪杀迈德加·埃弗斯但尚未被判刑的凶手拜伦·德·拉·贝克威思，也悠闲地驾着他的敞篷小货车在他们身旁逡巡，不时还停下来仔细打量他们。有一次，当州警察部队将游行者从人行道上推向路边时，卡迈克尔怒不可遏地扑向其中一个警察，幸亏金死死地抱住了他。

但是在他们沿途举行的选民登记集会上，卡迈克尔领导的学生非暴力协调委员会团队不再唱《我们必胜》，而开始齐声唱起了“我们将迅速占领……”，以及“叮叮当，枪声响，自由一路向前闯。噢，要能把警察炸上天，我们心情多欢畅！……”最终，在格林伍德举行的一次大型晚间集会上，卡迈克尔那极富感染力的豪言壮语像篝火映红夜空一样，重新发出了马尔科姆曾经发出的号召，要求黑人们将政治命运和经济命运全都牢牢地掌握在自己手中。他带头呼起口号：“我们要黑人权力！我们要黑人权力！”——当金出现在次日的晚间集会上，这个口号又一次响起，像鞭子一样抽打着金。

金很快意识到，“黑人权力”就此将成为一个时时烦扰他的口号——这是至少自奥尔巴尼运动时便开始积聚怒气的响亮宣言。他又参加了一次在亚祖城（Yazoo City）举行的群众集会，在集会上大声疾呼，假如黑人上当受骗，糊里糊涂地以“黑人权力”同人数占优的白人对抗，再没有比这更无益和更富自杀性的行为了。他说：“良知的结盟必将出现。无论在密西西比州还是在美国任何其他地方，除非我们能争取到白人坚定的同情，否则我们绝不可能获得自由。”因此，他宣称：“我钟情的是道德的权力，是正义和善良的权力……”然而令他震惊的是，教堂里的很多人对他发出了嘲讽之声。正如他后来谈到的，那天晚上他辗转反侧，无法成眠，起初怨愤难消，但随之痛苦地意识到，自从蒙哥马利事件起，“我就一直在向他们宣讲我的梦想”，那天晚上他们报以“嘘声，是因为他们认为，我们根本无法兑现我们的承诺”。

卡迈克尔后来告诉他：“马丁，我故意在游行中提出这个问题，就是为了引起全国性的辩论，迫使你选择立场……”金还以遗憾和不解的一笑：“我已经习以为常了，再多一次也无妨。”实际上，卡迈克尔是为金导演的戏剧增添了紧张情节，正如马尔科姆在塞尔玛向科丽塔表示他要做的：向白人们展示在金的诉求之外可能出现的令人不快的选择。金开始对前来采访的记者们说：“我拼命地在维护运动的非暴力性质，但我独木难支。很大一部分责任需要由白人权力机构来承担，他们必须对黑人做出有意义的让步。”但是一位长期报道金的活动的记者注意到，“黑人权力”反向运动的爆发，使得金“身体上和情感上都动摇了”。金向这位记者吐露：“我不知道我接下去该怎么办。”跳下深渊有时也是有诱惑力的。金有一次便对阿伯纳西说过：“我们为什么不后退一步，就让暴力势力大行其道呢？他们不知道他们在做什么，他们长不了的。”

但是即使金在不断指责“黑人权力”是一种“产生于黑人赢不了的观念的无政府主义思想”，他仍然向一位记者表达自己的忧虑："必须得有人做和事佬。我不得不足够激进，以满足激进者，同时又不得不约束运动以满足白人支持者和温和的黑人。"他一度认为，也许上帝给他安排的角色就是在不断加深的美国种族裂隙间进行斡旋："必须有人在两个世界间进行沟通。"他曾向一位拥护者强调，"寻求种族充分融合所需要的深刻变化"，仍然是不可逃避、势在必行的任务，"黑人需要占人口大多数的白人持续的支持"。对于周围所有关于他的非暴力信仰正在消亡的议论，他都坚决反对。他坚称："当我谈及力量和对力量的需要时，我所说的是，需要能够带来……充满爱的社会……的力量。"

然而尽管金仍然努力想将他的抱负的"旧酒"，装进"黑人权力"运动到来后的"新瓶"，但就连以往支持他的媒体，如《民族报》(*The Nation*)，都断言他的运动已经日薄西山。一位新闻记者注意到，对于他慷慨激昂的演说，黑人城市青年们只是"发笑，或者干脆置之不理，开始自说自话"——一代新人已经成长起来，而金却不再能与之沟通，他们已经不认识他了。安德鲁·科普坎德（Andrew Kopkind）在《纽约时报书评》(*New York Review of Books*）上宣称："他已经被他的时代抛弃，被他也许能转弯抹角地帮上忙但却无法预测的事件超越”，尽管仍然有人辩称，因为他的“‘高尚’和纯洁的人道主义……这个世界还没有为他准备好”，但实际上更应当说是“金还没有为这个世界准备好”。

然而，金依然不断坚决地表示，“即使美国的所有黑人都认为黑人应当暴动”，“即使美国的所有黑人都诉诸暴力，我仍然要独自发出唯一的声音，劝告你们那是错误的方式”。在密西西比州的一次群众集会上，他大声疾呼道：“我对暴力深恶痛绝。我对越战深恶痛绝。我对这世界上的一切战争和冲突深恶痛绝。我对枪炮深恶痛绝。我对仇恨深恶痛绝。我对自私自利深恶痛绝。我对邪恶深恶痛绝”，但是，“我不打算使用暴力，无论是谁号召使用”。

与此同时，尽管金的公众形象似乎在不断萎缩，他仍然在全国民众情绪仍普遍支持远征越南时，义无反顾地担当起又一个使徒角色，坚决反对美国不断扩大其在越南的军事冒险——金宣称仅仅作为耶稣福音的传教士，“我便坚信为人类寻求和平是高于一切其他责任的召唤，哪怕要面对歇斯底里和轻蔑侮辱”。当越南战争持续升级，开销不断扩大，开始消耗约翰逊总统“向贫困开战”和“伟大社会”的雄心时，金声称这只不过又一次生动地说明，在国外犯错误与在国内犯错误是多么“难解难分”。他说：“在越南投下的炸弹，在国内开了花。它们摧毁了建设一个正派美国的梦想和可能性。”此外，他还警告：“假如世界各民族不能平等融合，那么在国内谈论种族融合也是毫无意义的。”

不过金的助手伯纳德·李后来告诉他的传记作家戴维·加罗，金只是有一次在机场餐厅吃饭时，随手翻阅了几本杂志，才决定全力以赴地反战的。当时他的目光突然停在了《壁垒》（*Ramparts*）刊登的一幅照片上，一群越南儿童在美军的凝固炸弹袭击中被烧死。“他愣住了……他看到一幅照片，一位越南母亲紧紧抱着她死去的婴儿”，李回忆道，金推开了他面前的盘子，“我问‘饭菜不好吃吗？’，他回答说‘在我竭尽全力结束这场战争之前，对我来说，什么东西也不会好吃了’。”从那时起，越南战争就变成了金的心魔，迫使他不时地慷慨陈词，就连亲密的助手有时都会感到难堪。有一次，在芝加哥举行的一个反战集会上，他演说道，美国“面对的是一个被我们自己的残暴噎住的世界”。

1967年春天，金在纽约的河畔教堂（Riverside Church）发表的讲话是他所计划的关于越南战争的最重要的讲话。他说这场战争是“为富裕安稳的人进行的，却为穷人创造了一个地狱”，战争毁灭了国内穷人改善贫困状况的任何希望，把他们送到国外，为一场并不神圣的争斗当炮灰。他敦促美国停止一切轰炸，承诺单方面停火，同意与越共进行和平谈判，并为撤军设定最后期限。他还号召所有青年在受到征召时，都要公开表示出于道德或宗教的原因而拒服兵役。作为福音传教士，他必须证明“对上帝的忠诚和坚贞比民族主义更广阔而深远”。他拖长声音说道：“我知道如果我不首先旗帜鲜明地对当今世界最大的施暴者——我国的政府——发出谴责，我也就无法理直气壮地反对向贫民区中的被压迫者实施暴力。”最后，他提出，“越南战争只不过是美国精神中更深的疾病的征候”，这一疾病对国家的未来有着至为可怕的影响：“如果我们在世界革命中想站在正确的一边，我们作为一个国家就必须对价值观进行一场激烈的革命。我们必须尽快开始从一个以事为本的社会转变为一个以人为本的社会。”

更早的时候，当金向斯坦利·利维森透露，他已经下定决心要公开、明确地同约翰逊总统决裂，从而全力以赴地投入反战运动时，利维森警告他，他会被“视为一个边缘性运动的领袖”，这将使财务上本已拮据的南方基督教领袖联合会雪上加霜。金承认，他知道：“我将受到大量的批评，我知道这将对南方基督教领袖联合会造成损害”，但是“我内心深深地感到我们的国家是错误的，时代已经做出了确实的预测，我必须走这条道路”。

金这时的确最终进入了所有真正的先知所处的那个遥远的境界：那个非传统启蒙教育下的、标准体面人所能达到的孤独地带，这时他的同伴就要比华盛顿、塞尔玛游行时少多了。在当时人们还广泛支持越战的情况下，他这样严厉反战，不仅立刻让林登·约翰逊治下的华盛顿对他深恶痛疾，也惹恼了一向同情他的《纽约时报》等。在金发表河畔教堂演讲后，《纽约时报》谴责他煽动反战，还“悍然将美国的军事手段比作纳粹”，严重地损害了民权运动。《华盛顿邮报》认为他此举是个“巨大的悲剧”，他“给那些他天然的盟友带来了巨大的伤害，从而给他自己也带来了更大的伤害。许多以往怀着崇敬的心情听他讲演的人，今后再也不会信任他了”。亨利·卢斯（Henry Luce）的《生活》（*Life*）杂志断然指斥他的河畔教堂演讲“像是河内广播电台散布的煽动和诬蔑”。总之，金成了众矢之的。

埃德加·胡佛没有放过这个机会来游说约翰逊。他在一份私人备忘录中写道：“根据金最近的活动和发言判断，已经很清楚他是一股企图危害我国的颠覆势力手中的工具。”实际上，金与白宫之间的联系已经中断，不仅是因为约翰逊对金的反战严重不满，也是因为金本人这时已将约翰逊视为道德败坏的人物，对他大失所望，甚至感到恶心。但是金的反战福音主义在黑人社会他的许多传统支持者中也引发了痛苦：金曾公开宣称希望“将民权运动与和平运动结合起来”，然而深孚众望的拉尔夫·邦奇（Ralph Bunche）——曾任美国驻联合国代表的黑人，1950年的诺贝尔和平奖获得者，曾与金并肩参加过塞尔玛游行的民权斗士——就明确对金将民权运动与反战示威掺和在一起表示了怀疑和警告，声称金必须“放弃其中的一项”。

全国有色人种协进会的罗伊·威尔金斯和城市联盟（Urban League）的总干事惠特尼·杨（Whitney Young），也公开表示他们不支持金就越南问题发表的说教言论。在长岛举行的一次私人宴会上，金和杨之间甚至发生了一点小摩擦。杨走到金面前，指责他的反战言论会使约翰逊总统对所有运动领袖感到寒心。金勃然大怒："惠特尼，你说这话也许能让你得到一笔基金，但却没法让你进入真理的王国。"杨瞪着眼睛迅速地上下打量了金一番，提起金发动的向城市贫困开战的运动，指着金挺起的肚子反讽道："你倒是吃得不错。"人们纷纷扭头看向他们，一位他们共同的朋友连忙插进来，抢在争吵升级之前把金拉开了。然而就在南方基督教领袖联合会内部，对金执着于反对越战感到不安的人也为数不少。密西西比联合组织委员会的一位常务理事亚伦·亨利（Aaron Henry）后来回忆说："在我看来，我们要选边站队，但我们的确不知道我们到底在做什么。"对于这些警告，金承认他并不完全清楚美国政府在形成越南政策时的全部考虑，但"我对有一个意味深长且简单明白的真理却是精通的，那就是上帝的任何孩子对上帝的另一些孩子施虐，都是罪恶的……"

尽管如此，金本人在看到他此举的后果时，似乎不时有所畏缩。民意调查显示，不认同他的反战行为的人数量相当庞大，包括黑人社会中也有众多的人（48%）不满。"我们必须直面事实，有时候公众并不准备接受真理，”他对助手们说道，但他承认由于越战，他的“星光在减弱”。“所有的新闻媒体和电视台都站在他们一边，”他心灰意冷地对密友们说道，“我没有力量对抗所有这一切，并使民权斗争继续前进……我已经不堪重负，心力交瘁了。”尽管他感到有义务提出“一个事关人类生存的问题”，但鉴于这个问题激起了如此汹涌的众怒，也许他应该“体面地暂时回避一下”，回到他的民权斗争使命上来，因为“我不能同这些……想要我的命……的势力一般见识”。歌手琼·贝兹后来回忆道，一天晚上，在弗吉尼亚的一次南方基督教领袖联合会的会议后，金喝了很多酒，忧郁地沉思着，对她说：“上帝只是召唤他做一名教士，并没有要他管这么多事，他想抽身而退了，他实在太累了……”

反战招致的指责和辱骂的确是铺天盖地，以致金曾多次精神崩溃，伤心落泪。他在洛杉矶发表的一次讲演，似乎描述的恰好是他本人的精神状态。他说：“我们今天的世界正处于午夜。我们正经历着深重的黑暗……简直看不到出路何在。”他在埃比尼泽进行的一次布道，更像是强加给会众的个人自白。他对他们说：“我们的一生坎坎坷坷，都会有一种不安全感，都会缺乏自信，都会感到失败就要来临。这就是生活可能带给我们的恐惧。”这回他坚称：“我不能丧失希望。我不能丧失希望，是因为如果你丧失了希望，你就死了。”但是金身边的人又一次深切地担忧起正在吞没他的精神阴影来。科丽塔记得金那阵子迟钝而呆滞，似乎陷入了“我此前从来没见过的巨大的”愁苦中。对她忧心忡忡的询问，金喃喃道：“人们想找我要答案，可我什么答案也没有。”他不停地吸烟，尽管是偷偷地吸。他不加节制地暴食儿时吃的黑人传统食物——炸鸡、青豆煨肥猪肉和红薯砂锅。这些食物散发着他天真无邪的童年时期那遥远的伊甸园的味道。

他不止一次地公开冲口而出：“我厌倦了游行示威。我厌倦了死亡的威胁。我想活着。我不想当烈士。有时候我都怀疑我还能不能挺得住……我不是因为想游行才去游行的。我游行是因为我不得不去。”他也开始经常地当众发布这样的想法，频率之高引人注目：“作为一名基督徒，你必须扛起你的十字架，不论这意味着怎样的困难、痛苦和焦虑。你必须扛着它，直到它在我们身上留下印记，从而使我们得到救赎，走上那条只有通过受苦才能走上的光辉道路。”实际上，现在回想起来，你不可能不做这样的类比：金当时已经进入了一个对他来说就像是耶稣受难前经受审讯和鞭打的漫长的考验时期——而这种感觉在那些日子里显然对金已经不可避免。“当我扛起十字架时，我认识到了这其中的意味，”他曾在南方基督教领袖联合会的一次静修活动中讲道，“这十字架就是你为之生并最终为之死的东西……这就是我决定走上的道路。”

安德鲁·扬后来回忆道，“多年来我看出的差别”，是金从一个起初（如在蒙哥马利事件时）对于承担起民权运动未来的责任还感到迟疑、勉强甚至畏惧的人物，“几乎走向了另一个极端，感到自己对运动负有完全的责任和义务”，甚至到了这样的地步，对于运动遭遇的所有不利，“马丁都深深地感到内疚”。“他认为他应当能够说服约翰逊从越南撤军。他认为他应当能够消除贫困。他认为他应当能够阻止暴力。”正如有时候他自己所说的，他实际上已经完全献身于以“永恒的应然”（eternal oughtness）对抗世界之“实然”（isness）的斗争中。一个星期天，面对埃比尼泽教堂里会众们的欢呼和掌声，他突然产生了回应的冲动，他大声喊道：

我选择和弱势群体站在一起。我选择和穷

人们站在一起。我选择献身于饥饿的人们。我选择献身于被遗忘的人们……这就是我要走的道路。如果这意味着再多受一些苦，我义无反顾……如果这意味着为他们而死，我义无反顾。

## 三

然而看不出有任何希望能阻止金的影响力在全国逐步衰弱。人们已普遍形成一种共识，“黑人权力”运动和骚乱已经压倒了他的反战声音，他的队伍在“缘木求鱼”，因此他陷入了“巨大的困惑和迷茫中”。实际上，金正在经历一场全国性的理想幻灭。在过去十年宏大社会变革的群情振奋、高歌猛进之后，公众的情绪悄然发生了令人不快的回潮，道德心和精神状态都出现了疲倦感。随着民权运动开始被学生反主流文化的骚乱所同化，人们更普遍地重新渴望起秩序来——所有这一切将理查德·尼克松（Richard Nixon）推上了总统宝座，在卡特（Carter）短暂的迷离后，这种情绪最终在罗纳德·里根（Ronald Reagan）温暖和蔼的专权时期达到了高潮。

1967年时，金开始感到一种灵魂的不安，他越来越深地陷入一场日益激烈的交锋，一方是在美国建设一个心灵真诚相通的人道社会的最后希望，另一方是电子技术化的公司极权主义的发展所导致的美国人心的日渐麻木——一种由超大企业集团和庞大的政府机构构成的自私自利的国家权力秩序，造成现代人人性的全面贫瘠，使得美国越来越深地陷入计算机化、物欲横流的虚空。金对此的预感导致他的观点急剧激进化，他开始向他那个时代的本性和形态猛烈开炮。他对记者戴维·哈伯斯塔姆说，“多年来我一直主张通过这里或那里的小修小补，来改革现有的社会体系”，但是“现在我的看法大为不同了。你必须重新构建整个社会，对价值观进行革命”。他告诉民权运动的基金赞助人们，他现在听到了马尔科姆的回声，“我们对融入这样的权力体系不感兴趣。权力必须重新定位，必须大规模地重新分配”。

在南方基督教领袖联合会于南卡罗来纳海滨一处隐修所举行的秘密会议上，他似乎开始怀疑和贬低从蒙哥马利运动后发生的一切。他说所有的“立法和司法上的胜利”，都“至多不过是表面上的变化”。然而运动现在必须开始“要求这个国家付出一些代价”，提出的要求不仅是关于种族问题的，也要包括“阶级问题”。因为“我们国家的经济制度出现了问题……资本主义出现了问题”。实际上，早在1965年，他就曾对一些支持者说，运动将很快致力于改变“利润制度”，他还进一步详细阐述：“无论你叫它什么好，叫它民主，还是叫它民主社会主义，这个国家都必须在上帝的所有孩子中更好地分配财富。”他在考虑一项价值数十亿美元的“马歇尔计划”，对城市中心的贫民实施救济，保障所有家庭的最低收入，以及对一些重要的公共设施和产业实行国有化的可能性：“对所有制度都必须重新评价的时代已经来临。”

金在参议院一个委员会的听证会上作证时，宣称“解决贫困问题的办法就是直接消灭贫困”，通过大量努力确保每个人都有工作，并保证其年收入。实际上，尽管金此后几年经常被视为夸夸其谈、华而不实的政策反对者，但他也的确促成了一项机会均等行动计划，这项计划作为手段之一开始改变长达数代的美国黑人不能占有房地产并遭到驱逐排斥这一状况，并以“补偿性公平”的名义，率先在服役期间远离美国国内主流生活的美军士兵中实施。

金对参议院委员会说，“重新建构美国社会”，“将是一项艰难得多的奋斗”——但是这时他对于由选举产生的政府进行这项奋斗的意志和能力，其实在很大程度上已经绝望。他的道德期望收缩了，即使还没小到学生非暴力协调委员会那种愤世嫉俗的地步，也到了他早年思考过的尼布尔思想的程度：“一个人越是强烈地将福音与生活联系在一起，就会越敏锐地认识到，社会单位只能适应公正，而不是仁爱。”他告诫南方基督教领袖联合会，他们必须设计“新战术，不要再依赖政府的善意，而要想法逼迫不情愿的当局让步，以维护正义”。因此，他们尽管仍要遵循甘地的非暴力主张，但必须变得更富有战斗精神，要开展大规模的公民不服从运动。

* * *

于是，1967 年夏天，金宣布将发起他一生中涵盖面最为广大的一次激进式冒险：一场被称为“穷人运动”的全国性斗争。运动将形成一条广泛的人民阵线，不局限于黑人，而是要包括美国所有被忽视和被遗弃的人——如贫穷的白人、拉丁裔人和美洲原住民。他们将发动一场伟大的甘地式的改革运动，挑战美国的整个管理体系，不仅是向整座堡垒全面进攻，而且要直指其政府中枢机制，以将美国的穷人从世代聚居的无望的贫民区中解放出来。金宣布，为了“把贫穷问题摆到人类历史上最富裕的国家的政府面前”，将在华盛顿召集一次穷人游行——穷人们将乘大篷车，甚至是骡车，从美国最贫困的穷乡僻壤或市中心的贫民区赶来——汇集在五年前举行过令人难忘的民权集会的华盛顿国家广场上，搭建一个临时营地。示威者们将从国家广场的营地出发，协调一致地包围首都的权力机构。这个被称为“大变位”的战役，意在“使政府的苛政难以推行”，迫使政府在内外政策上实行人性化的改革。金对他的南方基督教领袖联合会的同事们说，他们的口号将是“忏悔吧，美国！”——他们的要求包括，每年将三百亿美元的联邦投资用于消灭这片土地上的贫困，承诺充分就业，保障年收入，每年新建三十万套廉租房。总之，金说，这次的努力“至少要使这个病态的、神经过敏的国家病情有所减弱”。他发誓，这回一定要“孤注一掷……”

金的一个顾问后来回忆道：“我们都明白我们将要挑战的是这个制度的经济基础……国家的权力能要了你的命。”金的私人赞助者之一，一位名叫西里洛·麦克斯温（Cirilo McSween）的芝加哥商人回忆，金曾经在埃比尼泽教堂召集过一次会议，向一大群支持者解释这一新计划。那是一个温暖的夜晚，会后，他们有几个人站在教堂外，聊起了金在白天的会议上给他们分配的任务，直到这时他们才完全明白“这一切究竟意味着什么，实在是事关重大。所有这些社会事务，金此前都曾经涉足过，但这回是登峰造极了……这回他要与之开战的是这个国家的财政体系”。麦克斯温说，就是在这时，“我们才第一次认识到，马丁·路德·金是个革命家。这可是项大事业，绝对激进，而且非常危险”。当金走出教堂，和他们站在一起聊天时——那天恰好是金的三十八岁生日——麦克斯温回忆道，“他很轻松，即使”他突然意识到，“他周围根本没有人护卫他”。

然而尽管面对这种种困难，金仍然无论如何不肯抛弃他长久以来的信念：道德对抗的力量能够最终感动人们的良知。他相信穷人运动“足够强劲有力，足够引人注目，足以唤起人们的道德心，使善良的人们……开始向国会议员们施压”。但是金这回尝试的，却不啻重新建构这个国家的经济和权力体系，以及美国赖以运行的价值观和言语方式——这与单纯为南方黑人争取宪法规定的权利，是完全不可等量齐观的不同事情。随着他重拾他在蒙哥马利时最初的道德观，并将其意义发挥到极致，现在不仅是埃德加·胡佛，许多人都感到震惊和不理解。大量他昔日的自由主义盟友都开始认为，他不过是一个好高骛远的浸信会传教士，在过去的一年中，因“黑人权力”运动和他反对越战而流失的支持者陡然增多。金勇敢地对记者们说“我认为在一场社会变革中，你不可能总是得到温和人士的支持”——但他却在千方百计、不遗余力地争取尽可能多的支持者。他曾与一对一直是他忠实赞助人的曼哈顿夫妇彻夜长谈，一边一杯又一杯地喝着果汁和伏特加，一边试图消除他们的误解，乞求他们继续支持他这最后一项宏大事业。最终到天亮时，他还是因他们的拒绝，不得不沮丧地离去。

甚至金的助手中的许多心腹人士也不支持“穷人运动”，认为太过激烈且战略上没有把握。杰西·杰克逊提出：“如果白宫和国会拒绝了我们，我们有什么对策？假如我们一无所获，我们会丢脸的。”扬承认：“我们中没有人对‘穷人运动’感到热血沸腾。贝弗尔想把越战继续打下去。霍齐亚想在南方建立政治基地。每个人都有自己的不同打算。”当金“郑重地对我们说起，要发动的运动有可能让我们在监狱里待个一两年时”，也没有人感到特别鼓舞，“我们知道他要带领我们干的正是这样的事情”。不过，尽管金早就对坐牢心存恐惧，但这会儿在扬看来，“简直像是他一心希望在监狱里打发好几年似的”，似乎对于他的使命所带来的严峻考验，监狱是他唯一可能的避难所。

依他的道德视野和对现实的感受力，让他来领导南方斗争那样的运动，事实证明他是非常适合且能干的，但让他承担如今这样宏大得多的事业，便显得是力微负重了。实际上，他的“穷人运动”可能从一开始就是一场策划不力、毫无胜算的战斗，原因同他的芝加哥之败一样：他面对的利益群体，远比“公牛”康纳和塞尔玛桥上乔治·华莱士的警察部队要强大得多，也难以捉摸得多，而且这次斗争还是在全国层面上——他遇到的抵抗，恰如一首古老的福音圣歌所唱的：“你都不知该责怪谁/它无名无姓狡猾无比/我们交战的不是血肉之躯/而是君王般的强权……”

因此，“穷人运动”还只是断续召集时，就已经陷入了后勤和财政方面的混乱，应征参加华盛顿示威的人数也只有所需人数的一小部分。金自己的团队内部又偏偏不断发出反对声音，更加剧了令他心烦意乱的孤独感和他那宿命论的忧郁。访客发现他“陷入了深深的疲倦和受伤的精神状态”，几乎被“深深的悲哀”所压倒。洛杉矶的一位南方基督教领袖联合会前工作人员回忆，他不停地说“他的大限快要到了”，“他知道他们已经向他伸出了毒手”。在他的另一位亲密助手看来，他几乎“已经因疲倦而陷入恍惚状态，他已经厌倦了斗争”。然而，他仍然至多只能睡一两个小时。扬回忆说，当他们一起在旅途中时，“他会聊上一整夜”。不久，他竟然异想天开起来：“我对掌权的白人没有丝毫信任”，他们不可能忍受市中心发生更多的骚乱，“他们会不可避免地把我们导向右翼统治和法西斯国家”，“他们将像‘二战’中对待我们的日裔兄弟姐妹那样对待我们。他们会把我们关进集中营……他们会在贫民区外拉上警戒线，要我们凭通行证进出”。[1]

1968 年年初，距“穷人运动”计划的开始时间只差几个月时，金和阿伯纳西来到静谧的墨西哥港市阿卡普尔科（Acapulco），度过了一个短暂的假期。像往常一样，两人同居一室。阿伯纳西记得金只能时断时续地入

① “二战”期间，尤其在珍珠港事件发生后，美国国内排日情绪高涨，有约十一万名日裔美国人遭到拘禁。——编注

睡，“他对前景很忧虑”。他们的屋外“是一个在高高的悬崖之上，伸出海面的阳台”，阿伯纳西后来回忆道，“所以当你俯瞰下方时，除了很低很低的海面上汹涌的波涛，你什么也看不见。我早上醒得很早，都在天亮前，然而却会看见他穿着睡衣站在阳台上，当真是一动不动地站着，倾听波浪拍打巨大礁石的声音。有一天早上我醒来时，他正站在外面唱着一首他喜欢的圣歌《万古磐石》（*Rock of Ages*）——他可不是在轻轻地唱，而是真正的放声高唱……”

然而，金仍然不肯放弃他那“大我”“宇宙一家”等老观念，仍想使人生有更崇高的意义，在历史性伟大真理鼓舞下，发动“能拯救国家的灵魂……拯救全人类”的运动。尽管金发现自己各方面都进展不顺，并且饱受着个人不祥预感的折磨，意志很是消沉，但奇怪的是——与他因“最后的、最伟大的梦想”的准备工作处处不如意而产生的绝望成反比似的——他那救世主般的眼光似乎伸向了更远方，超越了美国的边界，近乎发狂地涵盖了整个世界。他宣称，美国的社会危机，“与国际的紧张关系密不可分，与全世界的穷人、无依无靠的人、受剥削受压迫的人都息息相关……”就仿佛自他童年经历了祖母之死这一难以承受的痛苦之后，这么多年来，他情愿将这个星球上的所有不幸、残酷和痛苦——饥饿、屠杀、战乱，以及不仅是芝加哥的贫民窟，还有开罗、加尔各答、利马的贫民窟——都承担起来。甚至在"穷人运动"看上去都步履维艰的情况下，金还开始呼吁发动更浩大更高涨的运动，以实现一个超越阶级、部落、种族、国家的全新的全球共同体——"一个扫除了一切社会地位和肤色障碍的世界大团结"。

在金生命的最后时期，曾对他埃比尼泽的会众们说，他希望死后能得到这样的评价："我希望有人会说，那时候那个小马丁·路德·金，是想献出生命去服务他人的。我希望有人会说，那时候那个小马丁·路德·金，是努力爱别人的……我的确想让饥饿的人有饭吃……受冻的人有衣穿……我努力去爱人类，为人类服务。"

在生命的最后几个星期，金因为要不停地应付仍在对"穷人运动"是否适当提出质疑的同事们，开始经受偏头痛的折磨。就在这时，他收到了很早就倡导甘地式非暴力主义的老战友詹姆斯·劳森的求助。劳森这时在孟菲斯的一座教堂担任牧师。孟菲斯的黑人清洁工因为市长拒绝承认他们的工会而举行了罢工，劳森遂向金求援。当金决定接受劳森的请求前去斡旋，并将之作为即将来临的更大行动的预演时，他的许多助手都感到难以置信。他们认为这只会是一次毫无意义的节外生枝，相对于已经饱受质疑的宏大计划，这个罢工属于并不起眼也太偶然的事件。扬说："我们对金说，我们觉得你不能什么事都管，如果我们去孟菲斯，我们就会陷入那里的泥淖，永远也去不了华盛顿。但是金说他没法拒绝那些扫垃圾的工人们。"他坚称，那恰恰正是"穷人运动"所要解决的问题。

在对孟菲斯的首次考察性访问中，金领导了一次抗议游行。游行很快就演变为骚乱，商店的窗户被砸碎，货物遭到抢劫，很多人被石块砸得头破血流。在助手们将金架走后，警察以猛烈的催泪弹镇压了骚乱。一名黑人青年中弹身亡，总共五十余人受伤，另有一百二十人被捕，超过三千名国民警备队队员被征召实施宵禁。金回到汽车旅馆后，躺在床上，把所有衣服都盖在身上。扬后来回忆说："他陷入了一种我以前从来没见过的绝望情绪中。一种真正的、深深的沮丧，因为他觉得自己有责任，并且判断失误。"金曾一度对阿伯纳西大喊："拉尔夫，我希望你能让我离开孟菲斯。让我离开孟菲斯，越快越好。”金因这一意外事件极度痛苦，想要尽快采取赎罪措施。他对斯坦利·利维森说，他的批评者们会说“马丁·路德·金死了，他完了。他的非暴力纯粹是一派胡言，现在再也没有人听他的鬼话了……马丁·路德·金已经山穷水尽了”。而埃德加·胡佛这阵子也一直没有放松对金的追踪，尽管他暂停了对金在旅馆的房间的窃听，因为国会在风闻联邦调查局的电子监测行动后，对之展开了调查。胡佛手下的特工仍在想方设法地破坏“穷人运动”，他们这时奉命制造金应当对骚乱负责的舆论，将有关情况透露给一些敏感的新闻记者。

扬回忆说，金回到亚特兰大后，“变得非常非常安静。从星期一到星期五基本上都是一个人独处。几乎谁也不见”。随后他召集心腹顾问到埃比尼泽的书房里开了一次会。扬说，他“责备我们每一个人。说我们全都辜负了他的期望……他说‘我不能所有的事情都一个人扛，我需要你们来分担重任’”。最后他怒气冲冲地跑出房间，杰西·杰克逊追了出去，在楼梯顶端叫住了楼下正要拐弯的金：“博士，博士，别担心，一切都会好起来的。”金冲着杰克逊挥了挥手指头：“如果事情还是这样继续下去，什么也好不起来。”扬回忆说：“所有人都从来没见过他像这样疯狂……这真是令人震惊。”金去了他在亚特兰大的一名情妇家里，把自己锁在了温柔乡中。

那天是一个星期六。四天后，1968 年 4 月 3 日，星期三，金和阿伯纳西又来到了孟菲斯。他们的飞机降落时，一场暴风雨正在逼近，正是黑云压城之际。在洛林汽车旅馆他们的房间里，金决定由阿伯纳西代替他在预定于当晚在梅森・坦普尔（Mason Temple）教堂举行的群众集会上讲话。然而尽管那个酷热的夜晚下着瓢泼大雨，阿伯纳西来到教堂时，仍然发现有数量相当可观的群众，以及一长串电视记者的摄像机，都翘首等待着金。于是他立刻打电话回洛林旅馆，敦促金还是亲自来一趟。

金很快就出现了，在一片欣喜的欢呼和掌声中，来到了他平生最后一次群众集会的会场。当他走上讲台时，室外仍在电闪雷鸣。那天晚上非常闷热，所以“教堂里的电扇开着”，一位当晚在场的当地教士塞缪尔・凯尔牧师（Reverend Samuel Kyles）回忆道。当金开始讲演时，电扇“不时会发出一声巨响，每次都会把金吓一跳。于是人们最终关上了电扇”。金那沉重、缓慢而有节奏的声音，向听众们发出了悲鸣，伴随着一阵阵的喊声和掌声，以越来越大的力量，撞击着人们的心扉。他所讲述的内容，与他十二年前在蒙哥马利的教堂集会上宣讲的大致相同：“是的，我不知道现在会发生什么情况。我们的前方会有一段困难的时光，但这对我来说，实在算不了什么——”

因为我已经到达了峰巅。所以我不在乎。像所有人一样，我也想活得长一些。长寿在我心中有一席之地。但我现在对此也不在意。我只想按照上帝的旨意行事——

他摇晃着头，张大着嘴，以那从蒙哥马利到塞尔玛，已经在群众集会上为人们所熟知的雄辩口才，以同样不由自主地产生的饱满激情，声音洪亮地发出了感人肺腑的呼唤：

上帝允许我走上了峰巅，我极目眺望，我看到了应许之地！

这时教堂里爆发出欣喜若狂的欢呼声——和金的其

他助手一起出席当晚集会的杰西·杰克逊，后来写道——“他的形象突然高大起来，他的四周现出了某种神秘的光环，他似乎焕发出无穷的力量……听众们深深地感动了，热泪盈眶……”金那深沉、洪亮的声音继续讲道：

> 我也许不能和你们一起到达那里了。但我想让你们今晚知道，我们，作为一个民族，一定会到达应许之地！所以我今晚非常高兴！我不惧怕任何人！我的眼睛看见了上帝到来的荣光！

金就此结束了讲演。在教堂里雷鸣般的喧腾中，讲台上的金似乎快要晕厥，阿伯纳西跳上台去扶住了他。金的脸上闪烁着汗珠，眼里满含泪水。但是在阿伯纳西看来，他似乎恢复了他昔日的欢欣。

阿伯纳西过了很多年后才肯透露，散会后他们俩和金的另一位助手，一起去一位女士家吃了一顿很晚的晚餐。金早就和这位女士有交往。按照阿伯纳西的说法，从那一刻起，金便任由自己投入平生最后一次彻夜的放纵。大约凌晨1点，金才和那位女士从卧室里出来。金和阿伯纳西一起回到洛林旅馆，在那里发现金的另一位相好正在等他。金又和她一起消失，直到天亮。当金回到和阿伯纳西共住的房间时，按照阿伯纳西的叙述，他们又看见金的第三位情妇正在离开汽车旅馆。因为撞见金和另一个女人幽会，她还怒气冲冲的。金恳求阿伯纳西去把她带回来，但她在屋里一阵愤怒的摔打之后，又冲了出去，金在她背后喊道："别走啊！别走！"

*　*　*

4月4日，星期四，快傍晚时，金、阿伯纳西和其他南方基督教领袖联合会的工作人员正准备离开旅馆，去凯尔牧师家吃一顿南方的黑人传统晚餐，然后再去参加晚上的群众集会。阿伯纳西对金说："稍等一会儿，我需要涂些须后水。"金步出室外，走到二楼通道的阳台上，沐浴在春天傍晚温柔、和煦的微风中。他仍然穿着他那件衬衫，将袖口挽起，轻松愉快地同聚在楼下停车场上的几名助手聊起来。他俯下身子，两手抓着阳台的栏杆，对杰克逊从芝加哥请来，将在当晚集会上表演的萨克斯管演奏者和歌手本·布兰奇（Ben Branch）喊道："本，今晚我想听你唱一曲《亲爱的主》，就像你以前从来没唱过这首歌一样。希望你能唱得真正好。"金在当地请的司机这时劝他，晚上的气温似乎在下降，他应该去穿上外套，金说了声“好的，琼斯”，便径直转身向屋里走去。就在这时，院子上空“砰”地响了一声，如同一声惊人的拍击打破了春天薄暮时分的宁静。这是一记响亮的枪声。

正在浴室里往脸上拍须后水的阿伯纳西回忆：“我听见了‘砰’的一声，像爆竹一样，便四下张望。我在里屋能看到的，只有阳台上他的脚，他像是倒在了地上，脚刚刚伸出玻璃门外，我就想到，有人在向这里开枪。我以为，他一定是像服役时人们教你的那样卧倒了——然而这时，我听见外面院子里人们发出的惊叫声：‘噢，天哪！噢，天哪！’于是我知道……”

金摇晃了一下，向左后方倒下，一名目击者说看到他“身子贴着墙想站起来，并且随着他向上挺身，他的双臂向两旁伸出，看上去就好像被钉在十字架上”。他躺倒在阳台地板上，膝盖微微抬起，鞋子别扭地抵住板条栏杆，试图像“蹬自行车”一样摆动，有人注意到，他的左臂张开着，似乎在倒下时曾本能地去抓栏杆，但还是从栏杆上滑落了。枪声一响，院子里的人都冲向了人行道，凯尔牧师和阿伯纳西最先冲到了金身旁。金的脖子和右颚都被子弹崩开了，涌出的鲜血在他的肩膀周围积成深深的一摊。几个星期后，阿伯纳西回忆：

> 我俯下身子，向他喊道："马丁！马丁！马丁！"我看来引起了他的注意，我拍了拍他的脸颊，说："马丁，我是拉尔夫。别担心，一切都会好起来的，一切都会好起来的。"他好像想说什么，嘴唇动了动，但他所能做到的就是看着我。他像是在用眼睛对我说话——他说的是：到底还是来了。事情到底还是发生了……

不一会儿，阳台上就挤满了金的助手和其他人。一位社区公众关系服务机构的白人官员笨手笨脚地用一块毛巾包住了金的头。凯尔从屋里撕下一张橙色的床单，盖在金身上，他还将一包压碎了的香烟从金手中拿开："金从来不当众抽烟，我还是把烟从他手里拿开吧。"阿伯纳西、扬和另几个人护送金乘救护车去了医院。大约一个小时后，他们回到洛林旅馆，阿伯纳西从洗衣筐里的一件衬衫中扒出一块薄薄的硬纸板，来到阳台上，俯下身子。扬回忆说："他把地上的血刮进了一个罐子里"——他一边刮一边哭着说"这是马丁宝贵的血。这血是为我们流的”。杰西·杰克逊也俯下身子，手掌向下，将两只手浸入血泊，然后站起身来，在衬衣的胸前擦干了双手。扬后来解释道：“你知道，我们是浸信会教徒，我们相信鲜血拥有力量——而这力量是可以传递的。”历史学家和新闻记者加里·威尔斯（Garry Wills）后来评论这奇异的一幕时说，在烈士因暴力而殉难的情况下，将手浸入殉难者的血中，让自己留存一点被害先知和英雄的血，是人类内心至深处一种古老的冲动。

尽管在过去一年，有那么多人丧失信心离开了金，令金深深地烦恼，但似乎是4月薄暮孟菲斯的那一声枪响，撕裂了美国民众希望的天空，在全国各地的市中心区点燃了怒火，怒火的浓烟甚至遮蔽了华盛顿那些白屋顶上方的天空。在随后的几个星期，形势的发展就像是金之死同时宣告了美国非暴力运动的死亡，这个国家现代历史上最崇高的道德伟业随着他一同熄灭了。尽管金的影响明显大为衰退——其原因有时被可怕地定义为“暴力灭绝”——但自孟菲斯事件以后，人们突然发现，这个国家避免势不两立的种族分裂的最后希望——也许除了昙花一现的罗伯特·肯尼迪——一下子无人可以寄托。

“穷人运动”于孟菲斯事件几个星期后启动，这年夏天便多多少少成为检验金的运动在金身后是否还能持续的关键时刻。一群由层压板构成的简易房沿着华盛顿国家广场随意地搭建起来，被命名为“复兴城”（Resurrection City），以容纳大约两千名示威者。但是由于南方基督教领袖联合会同时要努力围绕金去世后留下的空白进行重组，因此整个运动从一开始便磕磕绊绊。按照金的生前遗愿，阿伯纳西接任南方基督教领袖联合会领袖，但他在孟菲斯事件后的几个星期里始终未走出恍惚状态，眼神总显得迷茫和呆滞。他在国内各地飞来飞去，竭力想挽救南方基督教领袖联合会和“穷人运动”，但他总是颓然地坐在飞机前排座位上，穿着皱皱巴巴、布满污渍的牛仔裤，在满机舱西装笔挺、拿着薄公文包的商人们中间，显得邋遢又古怪。在飞机单调的轰鸣声中，面对记者们抛来的各种各样的问题，他经常不耐烦地答道：“我是被赶鸭子上架的。我可没谋求这个职位。马丁·路德·金又不是我杀的。”

在费城举行的一次露天集会上，阿伯纳西向台下喊道：“别指望我成为马丁·路德·金。他不会再回来了。一个可恶的美国杀死了他，他永远地离去了。但我想告诉美国——你杀死了他，可是现在，你要是再不听拉尔夫·阿伯纳西的话，那就有你好瞧的了！”在一片欢呼声中，他精神大振。“我不是个帅哥——”挤在人群中的南方基督教领袖联合会的工作人员为了给他打气，大声喊道：“噢，你是，拉尔夫，你很帅！”“不，我不是个帅哥。但我是个纯爷们儿”——他猛然扯开了他的牛仔衬衫，向听众们裸露出他那炭黑、卷曲的胸毛——“我只有五英尺高，如果这还不够高的话，我可以踮起脚！”散会后，当小汽车载着他穿过川流不息的人群时，同车的一些金的老助手兴奋地喊道：“运动有救了！是的，先生，运动有救了！”然而阿伯纳西只是呆呆地坐在他们中间，脸上是一副迷失和木然的表情，就仿佛他们的声音是在离他很远的地方发出的。

还不到两个月，“复兴城”就土崩瓦解了。在持续的大雨打击下，那些简易房很快就变得像贫民窟一样，七零八落地呆立在烂泥中，最终连带着“穷人运动”一起呜呼哀哉，也许还成了民权运动第一次恰好完全合法地结束的重大行动——在其土地使用许可到期日寿终正寝了。一天清晨，一群国民警备队队员气势汹汹地闯入那一排排棚屋中，赶走了寥寥无几坚持到最后的驻扎者，然后迅速地捣毁了整个营地。金生前最后和最大的梦想就这样化为了泡影。

此后，能将金生前的助手们拢在一起的，就只剩下金的精神了，然而随着他现实的个人魅力已不复存在，他们很快就分道扬镳、各奔前程。杰西·杰克逊在芝加哥建立了自己的运动组织，后来终于成功地利用了或许是金作为使徒所取得的最大胜利——黑人的选举权。杰克逊于 1984 年和 1988 年两次参加了民主党总统初选，取得了惊人的战绩。事实证明，这位最晚来到金身边，或许也是金最不信任的助手，成了最接近于金的接班人。他那出色的口才成为美国黑人民众骄傲和希望的象征。安德鲁·扬以其一贯勤勉、周到的作风，也开创了一番令人敬佩的事业，先后做过佐治亚州的众议员、吉米·卡特政府的美国驻联合国代表和亚特兰大市市长。但是金最器重的顾问、带有神秘色彩的詹姆斯·贝弗尔，如扬所说的，“自金死后始终没有找到归宿”，他还一度与林登·拉鲁什（Lyndon LaRouche）领导的由极端保守的狂热分子组成的秘密会社发生了令人难以置信的瓜葛。阿伯纳西的情况更令人唏嘘。早自蒙哥马利运动时，他就是金最亲密的朋友，但金去世后，他却变得懒散怠惰、自甘消沉，甚至还在1980年的总统大选中投机地支持了罗纳德·里根，被金的其他老战友和大多数黑人领袖视为赤裸裸的无耻行径，然而里根当选后，阿伯纳西很快就被抛弃了。

与此同时，金的家庭祸不单行。在他遇刺十八个月后，麻烦不断的弟弟亚当被召回代替金与他们的父亲共同主持埃比尼泽教区。一天早晨，亚当被发现淹死在他家的游泳池里。五年后，金的母亲艾伯塔正像往常一样，在埃比尼泽教堂周日上午的礼拜仪式上弹奏风琴时，会众中一名精神错乱的黑人青年起身开枪打死了她。然而尽管噩耗连连，金爸爸却挺住了：他那强壮、坚定、自负的身影，仍频繁地出现在民主党全国大会、民权集会和无穷无尽纪念他长子生日和忌日的仪式会场上。直到1984年秋天的一个星期日，他在从埃比尼泽教堂的主日崇拜仪式上返回家中后，正要坐下与余下的家人共进午餐时，因心脏病发作而去世了。

孟菲斯事件之后的那些年里，金爸爸总是和科丽塔一起，张罗纪念金的宗教活动。科丽塔将自己变成了圣母玛利亚般的偶像，如同一座正在哀悼和纪念金的冷静、庄重的雕像。她后来回忆说，距孟菲斯事件发生大约三星期时，金出乎意料地送给她一束红色的康乃馨，她用手一摸，发现是人造的假花，金告诉她："我想给你点儿你能永远保存的东西。"在后来的岁月里，她还曾暗示，在金再次动身去孟菲斯之前的那天晚上，也是他们共同度过的最后一个晚上，她让金上楼来到他们的卧室，给了他她所能给的全部慰藉和爱。现在，那个明媚、炎热但气氛压抑的四月天，在埃比尼泽教堂朴素的砖瓦房里举行的葬礼，已经过去了很久——那个星期四的上午，奥本大街密布的汽车加油站、咖啡馆和夜总会簇拥下的这个金曾经布道八年的圣所里，挤满了参议员、众议员，以及美国司法部部长、美国副总统、杰奎琳·肯尼迪……在他们离去后很久，随后的岁月里，一个又一个星期日，她的身旁仿佛葬礼仍在继续，绵绵不绝的赞美诗和哀歌仍在缅怀着金，多年来听他吐露过精神痛苦的会众们，仍然低着头，用手帕擦拭着眼睛。科丽塔总是坐在教堂前排同一个座位上，她的脸微微抬起，脸上是一副像雕刻的面具一样的镇定表情，听着讲道坛上的金爸爸用颤抖的声音呼喊："是这片土地上的仇恨，夺走了我的儿子……"

詹姆斯·厄尔·雷（James Earl Ray），一个来自最为破旧，也是美国种族主义最为偏激的郊区地带的，长期小偷小摸的惯犯，最终被判定为暗杀金的凶手，然而在他背后有更大的阴谋集团须为孟菲斯事件负责的猜测，像隐约的低烧久久不退一样始终萦回不去。这种怀疑在此后的年代里越来越为金的家庭所确信，特别是当他的子女长大成人之后。金以非凡的魅力，鼓舞了社会的勇气，使人们勇于面对生活，去憧憬先前不敢想象的事情，使这个国家集体体验了如此非同寻常的激动、兴奋，并看到了美好的征兆，然而这样杰出的人物，却立刻遭到了扼杀。诸多因素都促使人们认为金是被阴谋杀害的——正如肯尼迪兄弟的死一样——而不肯相信这样的伟业竟然可以因一个如此微不足道的小人物，只出于自己愚蠢和孤独引发的精神错乱，便毁于一旦，这实在荒诞不经、令人恼火，也打乱了某种自然的平衡。然而生活从来不是严格按照几何式的合理均衡而进行的。人们应该永远当心那些越解释产生的疑问越多的说法——包括在金遇害这件事上，尽管埃德加·胡佛对金深恶痛绝，但任何指控联邦调查局是同谋共犯的说法，也都应当谨慎对待。与此同时，鉴于胡佛对金积怨极深，你又不能否定这样的可能性，胡佛也许知道在孟菲斯正酝酿着一场阴谋，但就是选择袖手旁观。

不过，当孟菲斯事件发生时，已有很多人认为，金的运动已经开始江河日下，逐渐沦为零星偶发且时常无果而终的小打小闹——往往只是针对公共运输、平权行动、政府的社会计划拖延等小事，不再具备重塑全国人心、改造政策和行政程序的规模和作用——这已成为他身后那堕落的几十年的特征。时代的平淡无奇，难免会提出一个问题，尽管老托尔斯泰对此有过论述，但是我们仍然想问：对于任何影响广泛、激动人心、足以引发像金至少给美国南方带来的那样深远的社会变革的运动，一个推波助澜的平民英雄是否真的不可或缺？

但是也有人说，金恰好是在事业无可挽回地开始走下坡路时，成了暴力下牺牲的烈士——这是历史的编排，在他的神奇色彩完全褪去之前，使他免于形象破产，沦为边缘化和令人厌倦的人物。当金被枪杀时，和他一起在阳台上的塞缪尔·凯尔牧师后来曾说："人们会把领袖拖垮。如果你只做十五年，那你干得不错。我告诉你，假如马丁活到六十五岁，那就绝对不会有为纪念他而设的公共节日，因为我们已把他彻底耗尽了。假如他还活着，现在走进这间屋子，我们会说‘哟，金博士来了。你好，马丁，坐吧’。因为生活中就是这样，你知道。”甚至金自己的家庭成员，后来都与某些利益集团串通一气，毁损起他的形象来。他们不顾金巨大的历史影响，不仅亲手把他变成他们自己的专利和版权摇钱树，为使用金的形象和文字严苛地索取费用，还出于同样的原因，授权互联网公司利用金在华盛顿游行时的光辉形象做商业广告，将他历史性演讲的意义极大地庸俗化。但是假如金依然活着，鉴于他那越来越激进的福音观念，他极有可能逐渐远离自己的真性情，接受他那个时代自由主义的老于世故，游离到社会热点的最边缘地带——游离到最终属于先知的真正荒野，可以说是按照与《圣经》相反的方向，游离到施洗者约翰那里。

不过，也许永远都具有讽刺意味的是，他受到人们的纪念和尊敬，不是因为他最终驶往的方向，却是因为他的起点。

最后，我记得在孟菲斯事件大约一个月后，在华盛顿举行过一次纪念性游行。浩浩荡荡的人流穿过一片黑人聚居区，那里仍能清晰地看到金遇刺后爆发的骚乱所留下的烧焦和爆炸的痕迹。然而游行却是个各色人种兼容并包的大聚会，参加者有黑人有白人也有棕色皮肤的人，有牧师、激进分子也有学生，就仿佛塞尔玛时代——金最后的真正的光辉时刻——海市蜃楼般的神奇再现。在淅淅沥沥的小雨中，人们奇怪地全都一声不响，默默地走过碎砖烂瓦、被掀掉屋顶的残垣断壁和低垂的雾蒙蒙的天空下空荡荡的窗户。在游行队伍的前列，有一辆载着科丽塔的加长型豪华轿车。汽车的引擎在雨中散发出令人窒息的热气，但人们仍簇拥在车子周围想看上她一眼，不过黑色的玻璃却使得谁也看不见她……不久，歌声响起，是一种不断升高、像幽灵一般的合唱，伴着拍手声，响彻长长的游行队伍。人们唱的是从蒙哥马利到伯明翰再到塞尔玛那些更纯粹的英雄时代，所有游行和群众集会上高唱的圣歌，这时听上去，就仿佛是呼唤金灵魂归来的咒语。随后，太阳短暂地拨开乌云，露出脸来——那种像南方一样的直射的、酷热的阳光——雾气腾腾的街道上闪着一道柔和的银光：刹那间，人们仿佛看到金真的现身——他一定是在游行队伍中的某处，正唱着歌，也许下一秒你就能看到他。他那矮壮敦实的身材，穿着长袖衬衫，大步流星地走着，温和的圆脸上沉着的目光正凝视着你，显示出孤独但无比坚忍的意志。尽管身处这杂乱拥挤的人流中，但他仍然在与遥远的天际进行内心的沟通，他不顾一切地努力沟通着，从未停止过这样的努力。然而金即将现身的感觉只存在了一瞬间，仿佛一呼一吸般短暂，人们便又回到了现实中——自那一刻以后这么多年，人们都清醒地知道他终于离去了，留下的是巨大而无限的失落。

## 文献说明

近些年来出现了大量关于金的论述和作品集，描述他从蒙哥马利到孟菲斯的人生经历。其中不乏虔诚之作，也有相当一些是应付了事的；部分作品基于字面理解，另一部分凭借灵感进行阐发。出于这一原因，我细致地研究了几部专著中的相关记载。戴维·伽罗（David Garrow）发表于1986年的《耶稣受难记》（*Bearing the Cross*）仅仅是概括地记录了金每周的历程，由蒙哥马利市出发起一直到他死亡的那一刻为止，但该书的语言可能有些直白与单调。早期作品中，还有一本回顾了金的神职工作，具有相当的学术野心，虽然这部作品在个别叙述处略微有些粗糙，偶尔又教授似的注释过多。这本书是戴维·刘易斯（David Levering Lewis）的《金》（*King*），第二版在1978年问世。1983年斯蒂芬·奥茨（Stephen Oates）发表了《号角声响起》(*Let the Trumpet Sound*)，这部专著很有诚意，但最多只能称其为勤勉之作。

然而，到现在为止，没有任何一本书可以在全书的体制和故事的传奇性上与泰勒·布兰奇（Taylor Branch）的权威著作《金生活年代的美国》(*America in the King Years*）相媲美，尤其是1988年发行的第一卷《分水而行》（*Parting the Waters*)。第一卷中波澜壮阔的叙事在第二卷《火焰之柱》(*Pillar of Fire*）对于美国民众错综复杂的生活的描述中并没得到很好的延续。但这两卷都有着史传性的地位，记录了那一时期黑人伟大觉醒过程中灵魂的挣扎和万民的盛典，以及金亲身经历过的苦痛与辉煌。

以下作品回顾了金的生平，同样非常重要：

Abernathy, Ralph David. *And the Walls Came Tumbling Down.* New York: Harper & Row, 1989.

Ansbro, John J. *Martin Luther King, Jr.: The Making of a Mind.* Maryknoll, N.Y.: Orbis Books, 1982.

Cone, James H. *Martin & Malcolm & America: A Dream or a Nightmare.* Maryknoll, N.Y.: Orbis Books, 1991.

Dyson, Michael Eric. *I May Not Get There with You: The True Story of Martin Luther King, Jr.* New York: The Free

Press, 2000.

Frank, Gerold. *An American Death.* Garden City, N.Y.: Doubleday,1972.

Garrow, David J. *The FBI and Martin Luther King, Jr.* New York: Penguin Books, 1981.

Goldman, Peter. *The Death and Life of Malcolm X.* Urbana and Chicago: University of Illinois Press, 1979.

Huie,William Bradford. *He Slew the Dreamer.* New York: Delacorte Press, 1970.

King, Coretta Scott. *My Life with Martin Luther King, Jr.* New York: Holt, Rinehart, and Winston, 1969.

Lewis, John, with Michael D'Orso. *Walking with the Wind: A Memoir of the Movement.* New York: Simon & Schuster, 1998.

Reeves, Richard. *President Kennedy: Profile of Power.* New York: Simon & Schuster, 1993.

Viorst, Milton. *Fire in the Streets: America in the 1960s.* New York: Simon & Schuster, 1979.

Weisberg, Harold. *Frame-Up: The Martin Luther King–James Earl Ray Case.* New York: Outerbridge & Dienstfrey,

1971.

Young, Andrew. *A Way Out of No Way: The Spiritual Memoirs of Andrew Young*. Nashville: Thomas Nelson, 1994.

最后，我要特别感谢卡特里娜·马埃斯特里机构为我提供的知识背景。

# 企鹅人生
*Penguin Lives*

| | |
|---|---|
| 乔伊斯 | [爱尔兰] 埃德娜·奥布赖恩　著 |
| 简·奥斯丁 | [加] 卡罗尔·希尔兹　著 |
| 佛陀 | [英] 凯伦·阿姆斯特朗　著 |
| 马塞尔·普鲁斯特 | [美] 爱德蒙·怀特　著 |
| 伍尔夫 | [英] 奈杰尔·尼科尔森　著 |
| 莫扎特 | [美] 彼得·盖伊　著 |
| 安迪·沃霍尔 | [美] 韦恩·克斯坦鲍姆　著 |
| 达·芬奇 | [美] 舍温·努兰　著 |
| 猫王 | [美] 鲍比·安·梅森　著 |
| 圣女贞德 | [美] 玛丽·戈登　著 |
| 温斯顿·丘吉尔 | [英] 约翰·基根　著 |
| 亚伯拉罕·林肯 | [澳] 托马斯·基尼利　著 |
| 马丁·路德·金 | [美] 马歇尔·弗拉迪　著 |
| 查尔斯·狄更斯 | [美] 简·斯迈利　著 |
| 但丁 | [美] R. W. B. 刘易斯　著 |
| 西蒙娜·韦伊 | [美] 弗朗辛·杜·普莱西克斯·格雷　著 |
| 圣奥古斯丁 | [美] 加里·威尔斯　著 |
| 拿破仑 | [英] 保罗·约翰逊　著 |
| 朱莉娅·蔡尔德 | [美] 劳拉·夏皮罗　著 |
| 弗兰克·劳埃德·赖特 | [美] 阿达·路易丝·赫克斯塔布尔　著 |

First published in the United States under the title of **Martin Luther King, Jr**.by Marshall Frady.
Published by arrangement with
**Lipper Publications, L.L.C and Viking, a member of Penguin Group (USA) Inc.**


**A Lipper / Penguin Book**



**图书在版编目（CIP）数据**

马丁·路德·金 /（美）马歇尔·弗拉迪（Marshall Frady）著；李阳译 .—北京：生活·读书·新知
三联书店，2017.4
（企鹅人生）
ISBN 978-7-108-05905-5

Ⅰ.①马… Ⅱ.①马… ②李…
Ⅲ.①金（King, Martin Luther 1929–1968）–传记
Ⅳ.① K837.127=533

中国版本图书馆 CIP 数据核字（2017）第 043523 号

总 译 审 胡允桓
策划编辑 刘 靖
责任编辑 颜 筝
特约编辑 王怡翾 赵 轩
装帧设计 蔡立国 索 迪
版式设计 薛 宇
封面版画 袁亚威
责任印制 宋 家
出版发行 生活·讀書·新知 三联书店
北京市东城区美术馆东街 22 号
邮 编 100010
网 址 www.sdxjpc.com
图 字 01–2015–0176
经 销 新华书店
印 刷 北京市松源印刷有限公司
版 次 2017 年 4 月北京第 1 版
2017 年 4 月北京第 1 次印刷
开 本 787 毫米 ×1092 毫米 1/32
字 数 136 千字 印张 9
印 数 0,001—8,000 册
定 价 39.00 元
印装查询：010–64002715
邮购查询：010–84010542